진짜의 마인드

진짜의 마인드

1판 1쇄 인쇄 2025년 5월 28일
1판 1쇄 발행 2025년 6월 18일

지은이 김찬희(김진짜)
발행인 김정경
책임편집 김은경 **마케팅** 김진학 **디자인** STUDIO 보글

발행처 터닝페이지
등 록 제2022-000019호
주 소 04793 서울 성동구 성수일로10길 26 하우스디 세종타워 본동 B1층 101/102호
전 화 070-7834-2600
팩 스 0303-3444-1115
대표메일 turningpage@turningpage.co.kr
인스타그램 www.instagram.com/turningpage_books
페이스북 www.facebook.com/turningpage.book

ISBN 979-11-93650-18-9 (03190)

진짜의 마인드

삶의 본질에 집중하는 태도에 관하여

김찬희(김진짜) 지음

터닝페이지

일러두기

- 이 도서는 국립국어원 〈표준국어대사전〉을 기준으로 편집했습니다.
- 구단명 및 일부 단어는 저자의 요청을 따라 실생활에서 많이 쓰는 방식으로 표기했습니다.

고민 끝에 남긴 최소한의 문장들

이 책을 쓰며 나는 책을 더 사랑하게 되었다. 예전엔 남이 쓴 책을 대충 훑고 쉽게 평가했다. 하지만 이제는 '이 단어 하나를 고르기 위해 얼마나 많이 고민했을까' 생각하며 한 자 한 자 꾹꾹 눌러 읽는다. 수백 번 고친 끝에 '이 정도면 됐다'라고 마침표를 찍었을 그 결단에는 경외심마저 느낀다.

지금 이 문장을 읽고 있는 당신에게도 왠지 모를 동지애를 느낀다. 고작 글씨로 채워진 종이 뭉치를 들고 생각에 잠긴 사람. 수많은 사람들 속에서 오직 이 글과 나만 존재하는 것 같은 그 달콤한 몰입을 아는 사람. 마음에 드는 문장을 만났을 때 소리 없는 감탄사를 터뜨려 본 사람. 나는 확실히 책을, 그리고 책을 사랑하는 이를 더 사랑하게 되었다. 책을 쓰기로 한 건 내 생애 최고의 결심이었다. 망설이던 내 마음에 불을 붙여준 아내에게 감사의 마음을 전한다.

이 책에는 살면서 느낀 것 중 사랑하는 사람에게 꼭 전하고 싶은 글만 모았다. 삶의 여러 국면을 다루다 보니 주제의 폭이 넓다. 이성적인 자기 계발서 같기도 하고 감성적인 에세이 같기도 하다. 여러모로 나와 닮은 책이다. 처음부터 순서대로 읽기보다 차례를 보고 관심 가는 부분을 골라 읽기를 추천한다.

혼자 보는 일기가 아니라 독자를 위해 쓰는 '책'인 만큼, 읽을 만한 가치가 있어야 한다고 생각했다. 읽는 이를 깨우고, 자유롭게 하고, 용기를 북돋을 수 있는 글만 남기려 노력했다.

내 생각이 정답이라 믿지 않는다. 수많은 의견 중 하나일 뿐이다. 그마저도 시간이 지나면 바뀔 수 있다. 그래도 지금 가진 생각을 최대한 솔직하게 담았다. '아, 이 사람은 이런 생각을 하며 사는구나' 정도로 받아들여 주면 좋겠다.

할 말만 간결하게 적었다. 하나의 메시지를 전하기 위해 수많은 예시를 드는 책을 좋아하지 않는다. 말하고자 하는 바가 한 문장으로 충분히 표현되면 덧붙이지 않았다. 책이 가벼워 대충 썼다고 생각할지 모르나 나로서는 읽기 쉽게 다듬는 데 수많은 시간을 썼다. 내가 시간을 많이 들일수록 독자가 시간을 덜 낭비한다고 믿는다.

나침반 같은 책을 좋아한다. 길을 잃을 때마다 다시 방향을 잡아주는 책. 그리고 그 방향으로 한 발짝 더 나아가게 해주는 책. 이 책이 단 한 사람에게라도 그런 책이 된다면 더 바랄 것이 없다.

1장 시작: 무엇을 하고 싶은지 찾는 방법

2장 실전: 고민보다 실패가 낫다

3장 극복: 걱정을 다루는 방법

4장 깨달음: 더 나은 삶을 사는 법

5장 인간관계 : 말보다 행동

6장 사랑 : 사랑은 두려움을 이기게 한다

7장 창작: 콘텐츠 만드는 사람, 김진짜

시작

무엇을 하고 싶은지
찾는 방법

재미없는 일을 해서 성공하면 평생 그 일을 해야 한다.
더 잘되려면 더 열심히 해야 한다. 고문이 따로 없다.

좋은 판단력을 갖는 방법

삶의 질은 '판단력'에 달려 있다. 어떤 일을 할 것인가, 어떤 배우자를 만날 것인가, 언제 시작하고 언제 그만둘 것인가. 중요한 결정을 앞뒀을 때 좋은 판단을 해야 삶의 질이 올라간다.

좋은 판단이란 미래의 내가 후회하지 않을 만한 판단이다. '그러길 참 잘했다'라고 느낄 만한 판단이다. 판단력이 좋은 사람들에게는 공통점이 있다. 자기 자신을 잘 안다. 스스로 판단해 본 경험이 많기 때문이다. 반면 판단력이 좋지 않은 사람들은 자기 자신을 잘 모른다. 스스로 판단해 본 경험이 거의 없기 때문이다. 그들은 자기 생각을 몰라서 남 이야기만 듣고 판단한다. 결과가 나와서 매듭을 지어야 할 때도 남 의견을 따른다. '경험'한 건 맞지만 자기 자신을 알아가는 데는 전혀 도움이 되지 않는 경험이다. 앞으로도 남의 판단에 의존할 수밖에 없다. 악순환이다.

나는 내 판단을 후회한 적이 거의 없다. 이유는 명백하다. 어려서

부터 스스로 판단하는 경험을 많이 했기 때문이다. 대학 전공도 혼자 정했고 이후 모든 진로를 오롯이 내 뜻대로 정했다. 결혼할 때도 내 마음만 따랐다. 덕분에 내가 내린 판단이 가져온 결과를 마주한 경험이 많다. 거기서 파생된 감정들도 모두 소화해 냈다. 즉, 내 안에 나에 관한 데이터가 충분히 축적되어 있다. 새로운 판단을 해야 할 때마다 그것들을 모두 꺼내어 검토한다. 후회 없는 판단을 할 가능성이 높다. 그 판단의 결과가 나오면 그것은 또 하나의 데이터가 된다. 나를 점점 더 잘 알게 된다. 앞으로 좋은 판단을 할 확률이 더 높아진다. 선순환이다.

스스로 판단하는 경험을 많이 하는 것. 그것이 판단력을 높이는 유일한 방법이다.

높이보다 깊이

'높이'보다 '깊이'가 중요하다.

높이 올라가려는 사람은 대개 어떻게든 높이만 올라가면 된다고 생각한다. 방향을 깊이 고민하기보다 그저 최대한 빠르고 편한 길을 찾는다. 그러나 쉬운 길은 결코 없다. 그들은 중도 포기하고 또 다른 길을 기웃거리며 자주 방향을 잃는다.

반면 깊이를 추구하는 사람은 방향을 잃지 않는다. 깊어진다는 것은 이미 방향이 정해졌음을 의미하기 때문이다. 그는 확고한 방향으로 차분히 나아가며 점점 깊어진다. 누구도 넘볼 수 없는 영역을 구축한다. 결국 높이를 추구하는 사람보다 더 높이 올라간다.

'높이'보다 '깊이'를 추구해야 하는 이유다.

대화를 통해 나를 알기

우리는 흔히 대화를 통해 '남의 생각'을 알 수 있어서 좋다고 생각한다. 하지만 대화의 진정한 가치는 '자신의 생각을 분명히 알 수 있다'라는 점에 있다.

A와 B 중 무엇을 선택해야 할지 고민될 때가 있다. 그럴 때 다른 사람과 대화를 나누며 그간 해왔던 생각들을 쭉 털어놓다 보면 '자기가 뱉은 말'을 통해 자신이 A와 B 중 어느 쪽에 더 쏠려 있는지 깨닫게 된다. 말에는 마음을 정확히 묘사하는 힘이 있다.

대화 상대의 의견에 관한 '감정'도 자기 생각을 더 분명히 알게 만든다. 예를 들어 상대가 A와 B 중 A가 낫다고 말할 때 왠지 부정적인 감정이 들고 자기도 모르게 자꾸 반박하고 있다면 당신은 확실히 B를 원하는 것이다.

대화는 단순히 남과 생각을 나누는 것이 아니다. 나 자신을 더 깊이 들여다볼 수 있는 도구다.

20대에 다 해봐야 하는 이유

　20대엔 하고 싶은 걸 다 해보는 게 좋다. 그래야 자신에게 꼭 맞는 길을 찾을 수 있기 때문이다.

　나는 20대에 해보고 싶었던 걸 다 해봤다. 영국에서 축구 지도자에 도전했고, 세계 최고의 스포츠 대학에서 석사 과정을 경험했고(러프버러 대학교Loughborough University 운동생리학 석사 과정 중퇴), 한국에 돌아와서 온라인 커머스 사업을 시작했다. 그러다 우연히 축구 유튜버가 되었다. 나는 영상을 만들고, 글을 쓰고, 방송에 출연하고, 가끔 강연을 다니는 내 일상을 몹시 사랑한다. 20대에 하고 싶은 걸 다 해봤기에 내가 가장 좋아하는 일을 직업으로 삼을 수 있었다고 생각한다.

　직접 해보니 '느낌'이 생겼다. 좋다, 싫다, 쉽다, 어렵다, 재미있다, 지루하다. 그 느낌을 토대로 이 일을 계속할지 말지 판단했다. 재미없으면 당장 그만두고 더 재미있어 보이는 걸 쫓았다. 결국 '가장'

재미있는 일을 찾았다. 재미있게 하다 보니 돈을 벌었고 그러다 보니 그게 내 직업이 되었다.

여기서 중요한 건 내가 무엇을 하든 항상 최선을 다했다는 사실이다. 전력을 다하고 돌아서니 나중에 미련이 남지 않았다. 만약 대충했었다면 훗날 '다시 제대로 해보면 잘할 수 있을 것 같은데……'라는 미련이 남았을 것이다. 한번 할 때 최선을 다하고 그 경험을 토대로 판단하는 것이 시간을 아끼는 길이다.

20대엔 하고 싶은 걸 마음껏 해봐야 한다. 그래야 가장 좋아하는 일을 직업으로 삼아 삶을 즐길 수 있다.

출발 전에 질문하기

항상 질문했다. 축구 지도자, 교수, 사업가, 유튜버. 어떤 일에 도전하든 시작 전에 그 길을 먼저 간 선배들에게 물었다. 거기까지 어떻게 갔는지, 도착하고 나서 어땠는지, 후회되는 건 없는지. 덕분에 많은 시간과 돈, 에너지를 아꼈다. 용기 내어 묻지 않았다면 그 자원들을 꽤 낭비했을 것이다.

질문할 때는 두 가지 주의 사항이 있다. 첫째, 수준 높은 질문을 해야 한다. 사전 조사를 충분히 했어도 스스로 해결할 수 없는 질문이 있을 때 물어야 한다. 그래야 선배가 대답할 가치를 느낀다. 너무 기초적인 질문을 던지는 건 그 선배에게 "사실 전 이 길에 엄청난 관심이 있진 않아요. 그냥 한번 물어나 보는 거예요!"라고 소리치는 꼴이다. 그 분야에 들어서기도 전에 선배가 우리의 진정성과 실력을 의심하게 만드는 건 어리석다. 훗날 그가 같이 일할 사람을 찾을 때 당신을 배제할 수도 있기 때문이다.

질문할 때 기억해야 할 두 번째 주의 사항은 그가 보인 성의에 최소한의 보답을 해야 한다는 것이다. 바쁜 와중에 '시간'과 '경험'을 내어준다는 건 정말 고마운 일이다. 커피 한 잔이라도 꼭 대접해야 한다. 사회인의 기본 도리다.

조언은 조언일 뿐

　남의 조언은 유용하다. 하지만 맹신해서는 안 된다. 특히 남의 조언만 듣고 자기 길을 결정하는 건 위험하다. 그 사람과 당신은 본질적으로 다르기 때문이다. 같은 걸 경험해도 완전히 다르게 느낄 수 있다. 조언을 귀담아듣되 '직접' 해봐야 한다. 자기 느낌을 토대로 결정해야 한다.

'어떻게'보다 '왜'

우리는 늘 '어떻게'에 집착한다. 어떻게 하면 합격할까, 어떻게 하면 승진할까, 어떻게 하면 돈을 더 벌까.

하지만 중요한 건 '왜'다. 왜 합격해야 하는지, 왜 승진해야 하는지, 왜 돈을 더 벌어야 하는지 스스로에게 물어야 한다. 묻지 않고 달리기만 하면 목표를 이룬 뒤에 '이건 내가 원한 삶이 아니었어'라는 후회를 마주할 수 있다.

나는 유튜브를 하며 자주 '왜'를 물었다. 왜 이 일을 하는가. 답이 안 나오면 업로드를 멈추고 고민했다. 이유를 찾았더라도 스스로 납득될 때까지 곱씹었다. 마침내 '이게 정말 내가 하고 싶은 일'이라는 확신이 들 때 다시 시작했다. '왜'라는 질문의 답을 찾으니 다시 의욕이 솟고 사명감이 불타올랐다.

이 책을 쓰기로 결심한 것도 '왜'를 묻는 과정에서였다. '왜 사는가'라는 질문에 나는 '가치 있는 것을 남기고 싶어서'라는 답을 내놨다. 축구 영상도 가치 있을 수 있겠지만 내가 살면서 느낀 것들을 책으로 남기면 더 뜻깊겠다 싶었다. 책 쓰는 '이유'를 명확히 찾고 나서 쓰니 과정이 힘들지 않다. 즐겁다. 내가 마땅히 살아야 할 삶을 살고 있다는 생각이 든다.

나는 나중에 '이건 내가 원한 삶이 아니었어'라고 후회하지 않을 것이다. '어떻게'보다 '왜'를 자주 묻기 때문이다.

무엇을 하고 싶은지 찾는 방법 1

무엇을 '오래', '반복'해 왔는지 떠올려 본다. 하고 싶은 일은 그 안에 있다. 올해 서른여섯 살인 나는 축구와 글쓰기를 좋아한다. 앞으로도 그럴 것 같다. 돌이켜 보면 나는 초등학생 때부터 그 두 가지를 '오래', '반복'해 왔다.

반대의 예도 있다. 20대 후반에는 '무조건 돈을 많이 벌어야 한다'라는 생각에 꽂혀 있었다. 하지만 그 생각은 '오래'가지 않았다. '반복'되지 않았다. 나는 돈이 가장 중요한 사람은 아니었던 것이다.

무언가를 '오래', '반복'한다는 건 그 일을 할 때 스트레스가 없다는 뜻이다. 즐겁다는 뜻이다. 앞으로도 하고 싶다는 뜻이다. 결국 하고 싶은 일은 자신이 '오래', '반복'해 온 것들 중에 있다.

무엇을 하고 싶은지 찾는 방법 2

"하기 싫으면 '핑계'를 찾고, 하고 싶으면 '방법'을 찾는다"라는 말이 있다.

나는 석사 과정 공부를 할 때 그만둘 '핑계'를 찾았다. 반면 유튜브 콘텐츠를 만들 땐 어떻게든 성공시킬 '방법'을 찾았다. 유튜브는 내가 하고 싶은 일이었던 것이다. 6년째 즐겁게 하고 있는 걸 보면 확실하다.

어떤 일을 할 때 '핑계'를 찾고 어떤 일을 할 때 '방법'을 찾는지 돌아보면 자신이 진짜 하고 싶은 일이 무엇인지 알 수 있다.

무엇을 하고 싶은지 찾는 방법 3

내 눈에 멋있어 보이는 사람을 떠올려 본다. 그 안에 나의 욕망이 담겨 있다. 대학생 때 나는 축구 감독 조제 모리뉴José Mourinho가 그렇게 멋져 보였다. 축구 지도자를 꿈꿨기 때문이다. 반면 세계적인 셰프인 고든 램지Gordon Ramsay는 멋있지 않았다. 요리에 관심이 없었기 때문이다.

세상 공부만큼 사람 공부도 필요하다. 어딘가에 내 가슴을 뛰게 만드는 롤 모델이 있을 것이다. 그가 하는 일이 내가 하고 싶은 일일지도 모른다.

행복했던 순간을 떠올리면
선택이 쉬워진다

자신을 알고 싶다면 행복했던 순간들을 떠올리면 된다. 그 순간들에는 분명 공통점이 있을 것이다.

나는 서울대에 합격했을 때, 영국 9부 리그 코치로 일했을 때, 유튜버로 자리 잡았다고 느꼈을 때 행복했다. 모두 '성취의 기쁨'이었다. 즉, 나는 성취를 중시하는 사람이다. 그러므로 만약 나중에 안정적인 직장과 도전 사이에서 고민된다면 망설임 없이 후자를 선택하면 된다.

당신은 언제 행복했는가. 그 순간들의 공통점은 무엇인가. 그것은 '새로운 경험', '타인의 인정', '평화로운 일상' 혹은 '사랑'일 수 있다. 그게 무엇이든 자주 떠올려서 자신이 중시하는 가치를 분명히 인식해야 한다. 그래야 선택의 기로에서 흔들리지 않고 자신을 더 행복하게 만들 결정을 내릴 수 있다.

자신을 객관적으로 봐야 한다

한때 멋진 사업가를 꿈꿨다. 제품을 직접 만들어 대박 내는 것이 목표였다. 말하자면 제조업이었다. 그런데 제조업 창업 10년 차인 선배가 나를 극구 말렸다.

"제조업은 우리 부모님 세대가 수십 년간 해온 거라 따라가기 힘들어. 지금 시작하기엔 진입 장벽이 너무 높아."

그러면서 그는 나 자신을 '객관적으로' 보라고 했다. 그가 묘사한 나는 이랬다. 대한민국 국적. 30대 남자. 10년간 축구 공부. 일상 영어 회화 가능. 적당한 유머 감각 보유.

결론적으로 선배는 내가 제조업에 뛰어드는 것보다 차라리 '축구 유튜버'에 도전하는 게 더 경쟁력 있을 거라고 말했다. 당시엔 그 말이 탐탁지 않았지만 5년 후 나는 선배가 옳았음을 깨달았다. 정말로 축구 유튜버가 되었기 때문이다.

때로는 욕망을 무작정 따르기보다 자신을 객관적으로 바라보고 이성적으로 판단하는 것이 더 나을 때가 있다.

PS   그 선배는 또 다른 통찰을 전해주었다.

"제품이 소비자에게 닿는 과정을 하나의 선으로 표현하면 맨 왼쪽이
제조업, 맨 오른쪽이 유튜버야. 요즘은 유튜버가 광고를 통해 소비자
를 직접 설득하잖아. 그러니 네가 제품을 만들어도 결국 유튜버에게
돈을 주고 홍보해야 해. 그럴 바엔 차라리 네가 유튜버가 돼서 여러
제품의 광고를 받는 게 낫지. 사업은 어차피 돈을 벌기 위한 거야. 꼭
네가 제품을 직접 만들어야 한다는 고정관념은 버려."

재미를 좇으면 돈을 많이 벌 수 있다

내가 필요한 돈보다 조금 더 벌고 있다고 느낀다. 어떻게 이럴 수 있었을까 곰곰이 생각해 보면 결국 재미를 좇았기 때문이다. 재미있어서 열심히 한 것들이 내 핵심 역량이 됐고 그게 돈으로 이어졌다.

10여 년간 '축구 공부'와 '영어 공부'를 했다. 재미있었기 때문이다. 유튜브 콘텐츠 제작에도 재미를 느껴 몰입하다 보니 '기획력'과 '대본 구성 능력'이 자연스레 늘었다. 이 모든 것이 내 콘텐츠에 차별성을 부여했다. 덕분에 조회 수 수익과 PPL 광고 수익 등을 얻는다.

나는 대기업 취직을 위해 남들처럼 '스펙 쌓기'에 몰두한 적이 없다. 항상 내 고유의 재미를 좇았다. 길이 없어 보여 막막할 때도 있었지만 덕분에 남들과 조금 다른 능력을 갖게 됐고, 그 덕에 부족하지 않은 수입을 올린다. 어떤 분야에서든 '나만 할 수 있는 무언가'가 있다면 돈은 자연스럽게 따라온다.

재미를 좇으면 스토리를 갖게 된다

나만의 재미를 좇다 보면 남과 다른 삶을 살게 된다. '다른 삶'은 그 자체로 매력적인 콘텐츠다. 사람들은 남들과 비슷하게 살고 싶어 하면서도 다른 삶을 사는 사람의 이야기에 관심을 기울인다.

영국에서 축구 코치에 도전했던 내 스토리를 담은 영상도 좋은 반응을 얻었다. 나는 내 재미를 좇아 도전했을 뿐인데 많은 분들이 영감과 용기를 얻었다고 말씀해 주셔서 적잖이 놀랐다. 아마 내 독특한 스토리가 '김진짜'라는 캐릭터의 정체성을 형성하는 데도 큰 영향을 미쳤을 것이다. 덕분에 지금까지 유튜버로서 먹고살게 된 것 같다.

스토리는 자산이다. 영향력이 되고 돈이 된다. 자신만의 재미를 좇아 자신만의 스토리를 써 내려가도 괜찮은 이유다.

재미를 좇지 않을 때마다 후회했다

　석사 유학 때는 '이력'을 좇았다. 운동생리학에 큰 관심이 없었지만 축구 코치로서 생리학 학위를 갖고 있으면 경쟁력이 높아질 거라 믿고 전공으로 선택했다. 하지만 막상 공부를 해보니 너무 재미없었다. 결국 석사 과정을 중도 포기했다.

　사업할 때는 '돈'을 좇았다. 미디어 커머스 사업이 돈이 된다는 말에 SNS 영상으로 제품을 홍보하며 판매를 시작했다. 하지만 나는 물건을 파는 일에 전혀 흥미를 느끼지 못했다. 수동적인 자세로 임하니 돈을 벌 리 없었다. 돈을 벌었다 해도 재미를 느꼈을지 모르겠다. 나중에는 주문이 들어오면 '귀찮다'라는 생각마저 들었기 때문이다. 결국 사업도 접었다.

　유튜브를 하면서는 '효율성'을 좇은 적이 있다. 직원을 많이 고용해서 돈을 더 쉽게, 더 많이 벌 방법을 궁리했다. 실제로 PD님과 작가님을 모셔 같이 일해보기도 했다. 하지만 그들과 함께 만든 영상들이 마음에 들지 않았다. '실력' 차이가 아니라 '취향' 차이였다. 나는 오롯이 혼자서, 천천히, 할 말을 골라야 하는 사람이라는 걸 깨달았다. 결국 편집자님 한 분과 소규모로 작업하던 체제로 돌아갔다.

재미가 아닌 '이력', '돈', '효율성'을 좇았을 때마다 어김없이 후회했다. 이후에는 줄곧 재미만 좇는다. 영상을 만들 때도 내가 재미를 느끼는 주제만 선택한다. 광고, 행사, 강연 등의 제안도 재미있을 것 같은 것만 수락한다. 지금 이 책을 쓰는 것도 내가 재미를 느껴서다. 재미를 좇으니 모든 일에 능동적으로 임하게 된다. 억지로 할 때보다 성과가 좋을 수밖에 없다. 무엇보다 일이 일처럼 느껴지지 않는다. 월요일을 기다릴 정도다.

재미없는 일을 해서 성공하면 평생 그 일을 해야 한다. 더 잘되려면 더 열심히 해야 한다. 고문이 따로 없다. 재미를 좇아서 후회한 적은 단 한 번도 없다. 재미가 답이다.

가난은 핑계일 수 있다

대학 동기 L은 파일럿을 꿈꿨지만 집안 형편이 넉넉지 않았다. 비행 학교 등록금을 스스로 마련하기 위해 학군 장교로 복무하며 월급을 차곡차곡 모았다. 하지만 턱없이 부족했다. 전역 후에 호주의 한 공장에서 일하며 부족한 돈을 채워나갔다.

그러나 힘들게 모은 6,000만 원을 어머님께 전부 드려야 했다. 임대주택 보증금 때문이었다. L은 '엄마가 그런 허름한 집에 사는 걸 더는 두고 볼 수 없었다'라고 했다. 효자였다. 하지만 파일럿의 꿈이 좌절돼 깊은 절망에 빠졌다.

몇 년 후, 그는 기적처럼 비행 학교 장학금을 받았다. 넉넉지 않은 집안 형편이 오히려 도움이 됐다. 비행 학교를 졸업하고 드디어 파일럿이 되나 싶었지만 갑자기 코로나가 찾아왔다. 항공사들은 파일럿을 뽑지 않았다. L은 신문사 기자로 일하며 생계를 유지했고, 꾸준히 항공 공부를 하며 때를 기다렸다.

코로나가 끝난 후 결국 그는 파일럿이 되었다. 그의 나이 서른다섯이었다. 참 멀리도 돌아갔지만 그는 끝내 자신의 꿈에 무사히 착륙했다. 그는 말했다.

"출근해서 조종석에 앉으면 너무 행복해."

L의 삶을 떠올릴 때마다 그런 생각이 든다. 가난은 어쩌면 핑계일 수 있다.

나만의 직업

좋아하는 일이 무엇이든 그걸로 먹고살 수 있는 세상이다. '크리에이터'라는 직업 덕분이다.

크리에이터들은 젤리를 먹거나, 야생의 새를 촬영하거나, 자전거로 세계여행을 하며 생계를 유지한다. 나는 축구를 분석하며 먹고산다. 뭘 하든 그것을 매력적인 콘텐츠로 승화시켜 사람들의 '관심'을 끌 수 있다면 돈을 벌 수 있다. 관심이 커지면 인기와 영향력을 얻기도 한다.

진로를 정할 때 반드시 기존 직업 중에서 고를 필요는 없다. 자신의 구체적인 흥미를 직업으로 발전시킬 수 있을지도 테스트해 봐야 한다. 쉽지 않지만, 해낸다면 꽤 즐거운 삶이 펼쳐질 것이다.

근처

2012년 11월, 대학교 4학년 때 쓴 글이다. 임용고시를 준비하다가 문득 '하고 싶은 걸 해야겠다'라고 결심하게 된 과정이 담겨 있다. 당시의 고민 덕분에 지금 만족스러운 삶을 살고 있다고 믿는다. 13년 전에 쓴 부끄러운 글을 여러분께 공유하는 이유다(읽기 좋게 글을 수정했다).

***

다사다난했던 1년이었다. 교생 실습, 20학점의 기말고사, 계절학기, 추계 연맹전, 일본 교류전, 하계 입영 훈련 그리고 대학 축구 리그가 지나갔다. 많은 날을 임용고시 공부로 채웠던 게 기억에 남는다. 엄마에게 손 벌리기 싫어 없는 시간을 쪼개 다시 과외를 시작하던 날은 조금 슬펐지만, 나는 대체로 행복했다.

그런데 임용고시 한 달 전, 책상에 앉을 때마다 이상하게 마음이 무거웠다. 사실 나는 체육 선생님이 되고 싶다고 생각해 본 적이 없다. 그런데 왜 1년 동안 임용고시 공부를 했는가.

가장 큰 이유는 엄마가 임용고시를 보라고 노래를 불렀기 때문이다. 나는 엄마의 기대를 충족해 주고 싶었다. 또 교사로 일해 직접 번 돈으로 유학을 가고 싶었다. 무엇보다 '일단 시작했으면 끝내야 한다'라는 의무감이 컸다.

그렇게 여러 의미를 부여하며 버텨냈다. 그러나 약발이 점점 떨어졌다. 결국 가시적인 성과, 즉 '선생님이 된 내 모습'을 상상하며 견디는 수밖에 없었다. 하지만 나는 그 모습에 조금의 매력도 느끼지 못했다. 새삼, 놀라웠다. 혼란스러웠다.

축구부 선배인 희재 형과 긴 대화를 나눴다. 그는 "너 거기서 왜 그러고 있니. 그게 진짜 네가 원하는 거야? 너답지 않아. 넌 축구할 때랑 글 쓸 때가 제일 어울려. 네가 하고 싶은 일 해야지"라고 말했다. 내 마음속에 있는 말을 대신 해주는 것 같았다.

몇 달 전에 만난 오순희 선생님의 말도 떠올랐다(중학교 2학년 때 담임. 당시 학원에 다닐 형편이 안 되던 나에게 '무료로' 수학, 영어 과외를 해주셨다).

"네가 하고 싶은 공부 열심히 해. 돈은 다음 문제야. 넓게 봐야지."

그날 나는 보고 있던 책을 '쾅!' 하고 덮었다. 잠시 후 엄마에게서 문자 메시지가 왔다.

'우리 강아지 고생 많지? 좀만 참자!'

나는 한참 동안 그 문자 메시지를 바라보다가, 책을 덮었다 펴기를 반복하다가, 새벽 어스름이 깔린 학교를 두 바퀴쯤 돌았다.

그즈음 행복에 관한 다큐를 보았다. 아버지의 강요로 고시를 준비하다 우울증에 걸린 여자가 나왔다. 결국 자신이 원하는 걸 찾아 나선 그녀는 아프리카에서 교육 봉사를 하며 '행복하다'라고 말했다. 그녀의 눈이 반짝였다.

행복=가진 것÷원하는 것

다큐의 내레이터는 그것이 행복의 공식이라 말했다.

"아, 분모가 '원하는 것'이구나."

그제야 깨달았다. 과정의 즐거움이 고통으로 바뀌는 순간, 그 고통을 견디며 나아가려면 목표가 진심으로 원하는 것이어야 한다는 사실을.

5년 전 대학 입시 때가 떠올랐다. 나는 더 어리고 약했지만 끝까지 최선을 다했다. 꿈에서도 간절히 바라던 목표가 있었기 때문이다. 하지만 교사라는 목표 앞에서 나는 전혀 다른 사람이 되어 있었다.

무슨 일이 있어도 하고 싶은 일을 하며 살아야겠다고 다짐했다. 그리고 스스로에게 물었다.

"무엇이 하고 싶은가? 무엇을 할 때 행복한가?"

나는 축구에 관한 생각을 할 때 시간 가는 줄 모른다. 서점에서 좋은 글을 만나면 세상을 다 가진 기분이 든다. 기타와 피아노 소리가 곁들여진 음악을 들을 때 쾌락의 끝까지 간다. 여행하며 낯선 나를 보는 순간이 즐겁다. 친구와 커피를 마시며 사랑에 관한 이야기를 하면 영원히 그 자리에 머물고 싶다. 내가 하는 말에 상대가 웃으면 덩달아 행복해진다. 새로운 것을 배우면 내가 더 커지는 느낌이 든다.

저 많은 것들 중 하나를 업으로 삼고, 나머지를 삶 속에 최대한 많이 배정하며 살고 싶다(감사하게도 지금 그렇게 살고 있다).

어느 언론사에서 40대에 성공한 사람들의 과거를 조사했더니, 한 가지 공통점이 있었다. 20~30대에 하고 싶은 일을 마음껏 했다는 것이다. 당장 하고 싶은 걸 해보고 안 맞으면 또 다른 '하고 싶은 일'을 해보는 식으로. 그러다 가장 맞는 일을 발견하고 10년쯤 몰두한 후에 성공했다고 한다. 나도 그렇게 원 없이 하고 싶은 일을 해보고 싶다.

지난 1년 동안 나란 존재의 '근처'를 배회하며 살았다는 생각이 든다. 박민규의 단편 소설 〈근처〉의 주인공처럼 말이다. 암 선고를 받은 그는 지난 삶을 돌아보며, 평생 원하는 삶의 '근처'만 맴돌았다고 후회한다.

내 주변에도 그런 사람들이 많다. 부모님이 기대하니까, 취직이 잘되는 전공이니까, 다른 일을 하고 싶지만 지금까지 해온 게 아까우니까, 우선은 돈을 벌어야 하니까. 그들은 그런 수많은 핑계로 자신이 원하는 일 근처를 끝없이 배회한다.

물론 그런 현실적인 가치들도 무시할 수 없다. 하지만 원하는 삶을 사는 일은 그 모든 가치를 다 합친 것보다 더 중요하다.

얼마 전 '내일 죽는다면 가장 후회할 일은?'이라는 설문조사를 봤다. 1위는 '하고 싶은 일 하면서 살걸'. 나는 삶에 단 한 톨의 후회도 남기고 싶지 않다.

20대 중반의 근처, 2012년 연말의 근처, 경기도 과천 근처에서, 나는 생각한다. 원하는 삶의 근처를 맴도는 일을 당장 멈추는 것. 그리고 내 근처의 사람들을 더 자주 행복하게 만드는 것. 그것이 행복이라고. 그것들을 하기 위해 필요한 건 오로지 용기뿐이라고.

2장

— 실전 —

고민보다
실패가 낫다

빨리 시도했다면 두 달이란 시간을 아꼈을 것이다.
고민만 하는 것보다 빨리 실패하는 게 훨씬 낫다.

목표가 성취를 결정한다

목표를 높게 잡으면 성취의 크기도 커진다. '노력의 기본값'이 높아지기 때문이다. 높은 목표를 가진 사람의 '최소 노력'이 낮은 목표를 가진 사람의 '최대 노력'일 수 있다.

한번 형성된 노력의 기준은 다른 일을 할 때도 똑같이 적용된다. 적게 노력하던 사람은 계속 적게, 많이 노력하던 사람은 계속 많이 노력한다. 한 분야에서 성공한 사람이 다른 분야에서도 성공하는 이유다.

결국 성취의 크기는 애초에 얼마나 높은 목표를 설정했느냐에 달려 있다.

빨리 성공하는 방법

'빨리' 성공하고 싶어 하는 사람은 성공하기 어렵다. 마음이 급한 탓에 남을 따라 하거나, 순진한 사람들을 속이거나, 편법을 쓰기 때문이다. 그러면 잠깐 잘될 수는 있지만 오래가지 못한다. 금방 들통난다.

빨리 성공하려면 오히려 느려야 한다. 본질에 집중하고 남과 다르기 위해 오래 고민해야 한다. 천천히 '정도'를 걸어야 한다. 역설적이게도 그게 가장 빨리 성공하는 길이다. 그렇게 이룬 성공은 오래간다. 차근차근 쌓아온 만큼 기반이 튼튼하기 때문이다.

고민보다 실패가 낫다

유튜브에서 새로운 콘텐츠를 시도해 볼까 두 달을 고민만 했다. 결국 마음을 먹고 영상을 올렸다. 대실패! 반응을 보니 할 마음이 싹 사라졌다. 이틀 만에 결론이 났다.

후회가 밀려왔다. 빨리 시도했다면 두 달이란 시간을 아꼈을 것이다. 더 나은 방향으로 이미 한참 더 나아갔을 것이다.

고민만 하는 것보다 빨리 실패하는 게 훨씬 낫다.

생각의 힘

된다고 생각하면 되고, 안 된다고 생각하면 안 된다.

나는 경험을 통해 그걸 납득했다. 고등학교 3학년 때는 '대학 입시에 실패할 것 같다'라는 의심을 품고 준비했고, 실제로 불합격했다. 재수 땐 '무조건 합격할 수밖에 없다'라는 확신을 가지고 준비했고, 실제로 합격했다. 이후에도 생각이 현실이 되는 경험을 숱하게 했다.

생각은 행동에 영향을 주고, 행동은 결과를 결정한다. 결국 생각이 삶을 이끈다. 생각은 생각보다 힘이 세다.

최고의 시간 관리법

최고의 시간 관리법은 '할 일을 아주 작게 쪼개는 것'이다.

수많은 시간 관리법을 시도해 봤지만 전부 실패했다. 해야 할 시간에 하지 않았기 때문이다. 계획이 아무리 완벽해도 해야 할 때 하지 않으면 아무 소용이 없다.

결국 내게 '시간 관리'란 '하기 싫은 마음'을 기어이 '하고자 하는 마음'으로 돌려놓는 일이었다. 쉽지 않았다. 여러 방법을 시도한 끝에 정답을 찾았다.

그것은 '할 일을 아주 작게 쪼개는 것'이었다. 핵심은 '아주 작게'다. 예를 들면 '책 한 권 읽기'가 아니라 '첫 문장만 읽어보기'. '10킬로미터 달리기'가 아니라 '양말 신기'. 목표가 작을수록 부담도 작아진다. 시작이 쉽다. 반면 목표가 크면 부담스럽다. 시작도 전에 '이걸 언제 다 끝내나'라는 생각에 압도된다. 시작을 자꾸 미루게 된다.

나의 일은 영상 대본을 작성하거나 책을 집필하는 것이다. 모두

글을 쓰는 일이다. 나는 이 일을 '한 번에 하나씩 판단하는 게임'으로 여긴다. '여기서 A가 나을까 B가 나을까?'를 고민하고 선택하는 일의 반복이라고 생각한다. 일을 '순간' 단위로 쪼갠 셈이다.

일하기 싫을 때 '자, 게임하러 가볼까?'라고 생각하면 하기 싫은 마음이 살짝 누그러지고 의욕이 조금씩 샘솟는다. 결국 한 순간에 하나씩만 해결하면 될 일이다. 일단 시작하면 흐름을 탄다. 어느새 일이 끝나 있다.

할 일을 아주 작게 쪼개는 것. 게으른 나를 해야 할 시간에 하게 만들었으니 최고의 시간 관리법이 아닐 수 없다.

공부와 태도

공부를 해야 하는 이유 중 하나는 '태도' 때문이다.

맨체스터 시티Manchester City(이후 '맨시티') 선수들을 '영어로' 인터뷰하는 콘텐츠의 진행자 역할을 제안받았다. 수락하고 나니 덜컥 겁이 났다. 원래 영어 실력도 시원치 않은 데다 5년 동안 영어를 쓰지 않았기 때문이다.

곧바로 화상 영어 과외를 시작했다. 두 달간 집에서 영어만 썼다. 촬영 일주일 전부터는 예상 질문과 답변을 만들어 쉼 없이 중얼거렸다. 촬영 전날, 인터뷰가 진행될 도쿄에 도착한 나는 밤거리를 홀로 걸으며 머릿속으로 100번쯤 리허설했다.

인터뷰는 성공적이었다.

긴장이 풀렸다. 밥맛이 돌았다. 한 차원 더 성장한 것 같아 뿌듯했다. 돌아오는 길, 하네다 공항 벤치에 앉아 지난 두 달간의 준비 과정을 돌아봤다. 그리고 크게 놀랐다. 중학교 때 중간고사를 준비하던 과정과 다를 게 없었기 때문이다.

결전의 날을 앞두고 엄습하는 불안과 걱정. 미리 준비. 포기하고 싶은 마음을 포기. 시험 직전 극도의 긴장. 실전에 몰입. 종료 후 밀려오는 후련함과 후회. 20년이 지나도 그 모든 과정과 심리 상태가 완전히 똑같았다.

그때 깨달았다. 학창 시절 공부를 열심히 해야 하는 이유는 열심히 하는 '태도'를 익히기 위해서다. 그 태도가 몸에 밴 사람은 사회에서도 무슨 일이든 열심히 한다. 몇십 년이 지나도 그대로다.

최선을 다하는 태도는 사회에서 '능력'이 된다. '기회'가 되고 '돈'이 된다. 인생의 향방을 좌우한다.

물론 그런 태도를 얻는 도구가 꼭 공부일 필요는 없다. 하지만 학생의 본분은 공부이기에 공부를 통해 태도를 함양하는 것이 가장 자연스럽다. 미래를 준비하는 데 유익한 건 덤이다.

나를 서울대에 보내준 공부법

고등학교 때 내 성적을 비약적으로 올려준 공부법이 두 가지 있다. 대학과 사회에서도 활용했고 언제나 효과를 봤다.

첫 번째는 '단권화'다. 모든 내용을 한 권의 책에 정리하는 것이다. 나는 교과서, 참고서, 문제집, 모의고사에서 새롭게 알게 된 내용을 인터넷 강의 교재의 관련 부분에 옮겨 적었다. 여백이 필기로 가득 찼지만 특정 주제에 관한 내용을 하나도 빠짐없이 챙길 수 있었다. 만약 여러 교재에 내용이 흩어져 있었다면 그것들을 머릿속에 체계적으로 정리하고 암기하기 어려웠을 것이다.

두 번째는 '누적 복습'이다. 첫째 날 A를 공부하고, 둘째 날 A를 복습한 뒤 B를 새롭게 공부한다. 셋째 날 A, B를 복습하고 C를 새롭게 공부한다. 이 과정을 30일간 반복하면 앞부분인 A, B, C, D 정도는 완벽히 습득된다. 나는 고등학생 때 이 방법으로 엄청난 수의 영어 단어를 외웠다. 군대 훈련소에서도 이 방법을 응용해서 하룻밤 사이에 A4 용지 열 장 분량의 내용을 통째로 외웠다. 누적 복습이 효과적인 이유는 '망각 주기'를 활용하기 때문이다. 잠시 잊었다가 다시 복습하면 기억이 더 강하게 각인된다.

나는 '단권화'한 교재를 '누적 복습'해서 모르는 것이 하나도 없을 때까지 공부했다. 첫 교재를 마스터하는 데 6개월이 걸렸고, 다음 교재는 3개월, 이후에는 기간이 점점 줄어들었다. 결국 서점의 어떤 문제집을 풀어도 모르는 것이 거의 없을 정도가 됐다. 그때 비로소 '아, 이게 공부구나' 하고 깨달았다. 공부를 열심히 해서 얻은 가장 큰 소득은 '공부하는 방법'을 터득한 것이었고 이는 사회에서도 큰 도움이 됐다.

감정은 사라지고 결과는 남는다

하기 싫은 날에도 해야 한다. 하기 싫다는 '감정'은 사라지지만 행동의 '결과'는 남기 때문이다. 공부든 운동이든 마찬가지다. 머릿속과 몸속에 결과가 착실히 쌓인다. 이루고 싶은 목표가 있다면 '순간의 감정'보다 '영향력이 지속되는 결과'에 집중해야 한다.

몰려다니지 마라

고등학교 1학년 때 서울대 체육교육과 진학을 꿈꿨다. 마침 우리 학교 체육 선생님이 그곳을 졸업하셨다는 이야기를 듣고 상담을 요청했다. 선생님은 우선 수능 성적이 잘 나와야 한다고 말씀하시며 한 마디를 덧붙이셨다.

"몰려다니지 마라."

당시 내 친구들 중 일부는 술, 담배, 당구에 빠져 몰려다녔다. 하나씩 떼어놓으면 모두 선한 친구들인데 몰려다니면 서로 더 짓궂어지려 애썼다. 몰려다니는 행위에는 묘한 마력이 있다. 선생님은 그걸 간파하신 것이다.

나는 혼자가 되어 공부에 집중했고 결국 원하던 대학에 합격했다. 그 이후로도 '실력'을 키워야 할 때면 철저히 혼자가 된다. 동굴 속으로 들어가서 하염없이 반복한다. 조금씩 나아질 수밖에 없다. 고독한 몰입에는 강력한 힘이 있다.

태도가 실력이다

예전엔 실력이 실력인 줄 알았다. 사회생활을 하다 보니 '태도'가 실력이다. 지난여름, 손흥민 선수가 속한 토트넘 홋스퍼Tottenham Hotspur(이후 '토트넘')가 한국에 왔을 때 구단의 요청으로 현지 진행자 역할을 맡았다. 덕분에 토트넘 선수들과 콘텐츠 촬영을 할 수 있었다. 유튜버로서 성장할 수 있는 소중한 기회였다.

그 기회를 얻게 된 이유를 나중에 깨닫게 됐다. 작년에 토트넘을 후원하는 금융회사와 협업하며 알게 된 담당자 A가 이번 토트넘 방한을 총괄하는 에이전시 담당자 B와 잘 아는 사이였다. 아마 A가 B에게 나를 추천했을 것이다. 당시 나는 모든 사람과 잘 지내고 항상 웃는 얼굴로 분위기를 밝게 만들려고 노력했다.

태도가 좋으면 더 많은 기회를 얻는다. 기회는 경험이 되고, 경험은 실력이 된다. 반면 실력만 좋고 태도가 나쁘면 기회는 점점 줄어들고 결국 실력도 퇴보한다. '태도'가 '실력'인 이유다.

내게 영감을 준 사람

　김민우 선수(2025년 현재 울산HDFC 소속)를 처음이자 마지막으로 본 건 대학교 2학년 때였다. 당연히 대학 축구 리그 경기가 있던 날이었고, 우리 학교 홈경기였다. 그가 타고 있던 연세대 축구부 버스가 저 멀리에 섰고 여느 때와 다름없이 양 팀 선수들은 몸을 풀고, 물을 마시고, 파이팅을 외치며 경기장으로 나갔다. 경기 전 연세대 선수들과 악수를 나누는데, 유독 공손히 고개를 숙이며 인사하는 선수가 있었다. 김민우 선수였다.

　흔히 대학 선수들은 아마추어가 다수인 서울대 축구부를 우습게 보기 마련이었다. 그들의 그런 생각은 곧 '태도'에서 드러났다. 그런데 김민우 선수는 뭔가 달랐다. 대통령을 맞는 듯한 태도로 악수를 나눴고, 리그 최하위인 우리 팀을 상대로 정말 '최선을 다해' 뛰었다. 너무나 위협적이던 그의 실력은 차치하고, 그는 정말 쉴 새 없이 공격하고 쉴 새 없이 수비했다. 이제껏 그렇게 성실한 선수를 본 적이 없었다.

한번은 그의 공격 가담을 저지하고, 또 그를 자극해 볼 심산으로 심판이 보지 않을 때 슬쩍 다리를 걸었다(일부 엘리트 선수들에게서 배운 못된 행동이었다. 지금은 그러지 않는다). 욕먹을 각오를 하고 옆에 서 있었는데, 그는 툭툭 털고 일어나 나를 쳐다보지도 않은 채 수비하러 뛰어갔다. 그리고 10분쯤 지나 내가 넘어졌을 때, 오히려 나를 친절하게 일으켜 주었다.

나는 그날의 충격을 잊을 수가 없다. 김민우 선수가 오직 경기에만 집중하는 모습을 보며 '저게 프로 정신이구나' 하고 깨달았다. 그가 J리그 사간 도스サガン鳥栖에서 잘하고 있다는 소식을 듣거나, TV 속에서 붉은 국가대표 유니폼을 입고 왼쪽 측면을 휘젓는 모습을 볼 때 나는 묘한 행복감을 느꼈다. 사회에 잘못 분배되어 있는 '성공'이라는 조각들 중 하나가 제 주인을 찾아간 느낌이라고 하면 맞을 것 같다.

실력이 느는 사람과 늘지 않는 사람의 차이

무얼 하든 실력이 느는 사람은 마음을 열고 조언을 받아들인다. 자기 생각은 잠시 내려놓고 조언대로 해본다. 불편하고 어렵지만 하다 보면 점점 자기 것이 된다. 그렇게 무기를 하나씩 늘려나간다.

무얼 하든 실력이 늘지 않는 사람은 은근한 반항심이 있어서 조언을 튕겨낸다. 마지못해 조언대로 해보는 척하지만 끝내 자기 고집을 꺾지 않는다. 새로운 무기가 생길 리 없다. 언제나 제자리다.

중요한 건 '배우려는 자세'다. 그게 없으면 재능을 타고나도 더 이상 늘지 않는다. 또 그 자세를 보면 앞으로 얼마나 성장할지도 가늠할 수 있다.

결과로 증명해야 인정받는다

스무 살 때 연세대 스포츠레저학과를 자퇴했다. 수능을 다시 봐서 서울대 체육교육과에 합격했기 때문이었다.

자퇴서를 제출하려면 지도교수님의 서명이 필요했다. 교수님을 찾아가 '자퇴서에 서명을 받으러 왔다'라고 말씀드렸더니 갸우뚱하시며 이유를 물으셨다. 서울대 합격 소식을 전하자 교수님의 눈빛이 달라졌다.

교수님은 앞으로의 계획을 물으셨다. 나는 막연히 교수가 되고 싶다고 답했다. 그러자 교수님은 각종 통계를 보여주시며 연세대의 경쟁력과 비전을 열정적으로 설명하셨다. 내 박사 과정까지 확실히 책임질 테니 연세대에 남으라고 설득하셨다. 아니, 부탁하셨다.

당시 그는 대내외적으로 인정받는 훌륭한 교수였다. 그런 분이 고작 스무 살짜리 학부생에게 애원하는 듯한 모습을 보이니 적잖이 당황스러웠다. 하지만 나로서는 서울대라는 오랜 꿈을 포기할 수 없었다. 결국 서명을 받고 자퇴했다.

그날 교수님의 태도는 나에게 강렬한 교훈을 남겼다.

'눈에 보이는 결과로 증명해야 가치를 인정받는다.'

그 후로 나는 원대한 계획을 남에게 떠벌리고 싶을 때마다 애써 입을 다물었다. 대신 '결과로 증명하자'라고 다짐했다. 그런 태도는 꽤 유용했다. 말보다 행동에 무게를 두게 됐고, 남에게 과정을 과시하는 것 자체로 만족하기보다 실제로 결과를 내는 데에 전념하게 됐다.

근거 있는 자신감은 흔들리지 않는다

근거 '없는' 자신감도 때론 필요하다. 그 자체가 매력이 되어 타인의 호감을 살 수 있기 때문이다.

하지만 근거 없는 자신감은 오래가지 않는다. 시간이 지날수록 허세로 비쳐 외면받기 때문이다. 반대로 근거 '있는' 자신감은 흔들리지 않는다. 실제 성과와 경험이 자신감을 뒷받침하기 때문이다.

나는 학창 시절 축구와 공부를 곧잘 해서 자신감이 넘쳤다. 하지만 대학 입시 실패는 그 자신감을 한순간에 무너뜨렸다. 재수 끝에 서울대에 입학하자 자신감이 다시 하늘을 찔렀고 30대 초반 사업 실패로 또다시 바닥을 경험했다. 이후 유튜브로 자리를 잡자 자신감은 자연스럽게 다시 차올랐다.

자신감은 '내가 해낼 수 있다는 믿음'이다. 그 믿음을 지탱하는 건 현실의 근거다. 진정한 자신감을 원한다면 근거를 만드는 데 집중해야 한다.

'돈'보다 '돈 버는 능력'

'돈'보다 '돈 버는 능력'을 갖추는 게 더 중요하다. 돈은 언제든 사라질 수 있지만, 능력은 결코 사라지지 않는다. 남이 뺏을 수도 없다.

물론 '돈 버는 능력'을 갖추려면 많은 시간과 노력을 들여야 한다. 쉽지 않다. 하지만 일단 갖추고 나면 놀라운 안정감을 얻는다. 나도 콘텐츠 제작 능력을 통해 언제든 돈을 벌 수 있겠다는 확신이 생긴 뒤로 삶을 더 여유롭게 즐기게 됐다. 만약 돈 버는 능력 없이 돈만 많았다면 그 돈을 지켜야 한다는 압박감에 항상 노심초사했을 것이다.

돈으로 돈을 버는 '투자'를 잘한다면 괜찮다. 그 역시 돈 버는 능력의 한 형태다.

진짜 부자는 '돈'이 아닌 '돈 버는 능력'을 가진 사람이다.

'빡세게'보다 '꾸준히'

'빡세게' 하면 금방 지친다. 지치면 멈춘다. 멈추면 성과가 쌓이지 않는다. 실력도 제자리다. 잘되기 어렵다. 하지만 적절히 쉬면서 '꾸준히' 하면 지치지 않는다. 계속할 수 있다. 성과가 쌓이고 실력이 향상된다. '빡세게' 할 때보다 더 빨리 잘될 수 있다.

내 유튜브 채널이 그랬다. 일주일에 이틀 밤을 새우며 영상을 '빡세게' 찍어내다 보니 얼마 지나지 않아 지쳐 쓰러졌다. 번아웃이었다. 결국 채널을 세 달이나 방치했다. 당연히 채널의 성장은 멈췄다. 미련하게도 이런 일을 나중에 한 번 더 겪었다.

그 후 절대 '빡세게' 일하지 않기로 결심했다. 매일 규칙적으로 자고, 오전 9시부터 오후 6시까지만 일했다. 주말에는 반드시 쉬었다. 주말에 일하고 싶은 마음이 들어도 억지로 참았다. 항상 에너지를 남겨뒀다. 덕분에 오랜 기간 지치지 않고 즐겁게 일할 수 있었다. 영상을 '꾸준히' 업로드하고 콘텐츠 퀄리티를 일정하게 유지하니 '빡세게' 일할 때보다 채널이 더 빠르게 성장했다.

이제는 무언가를 '빡세게' 하고 싶을 때마다 스스로를 진정시킨다. 예를 들어 전신 근육 운동을 하고 싶은 의욕이 샘솟는 날이면 '오늘은 한두 가지 부위에만 집중하고 내일 다른 부위를 하자'라고 마음을 달랜다. 과거에는 하루 '빡세게' 운동하고 그 이후엔 그 '빡셌던' 기억 때문에 운동을 미루고 미루다 결국 그만두곤 했다. 하지만 지금은 매일 부담 없이 한두 가지 부위만 운동하니 '꾸준히' 지속할 수 있다. 덕분에 예전보다 더 균형 잡힌 몸을 유지하고 있다.

'빡세게'는 지치게 한다. '꾸준히'는 끝까지 가게 한다.

나만의 속도

누구나 자기만의 속도가 있다. 그 속도대로 살아야 자기 삶을 좋아할 수 있다.

나는 내 속도에 불만이 많았다. 너무 느렸기 때문이다. 영상 하나 만드는 데 4일, 글 한 꼭지 쓰는 데 2주, 마음의 향방을 결정하는 데 한 달이 걸렸다. 답답했다. 빠른 사람들이 부러워 억지로 속도를 높여봤다. 아니나 다를까 탈이 났다. 영상과 글의 퀄리티는 떨어졌고 이미 내린 결정을 번복했다. 후회의 연속이었다.

이제는 내 속도대로 산다. 조급해하지 않는다. 하루를 마칠 때 '더 했어야 했어' 대신 '충분히 했어'를 되뇐다. '후회' 대신 '만족'을 선택해 마음의 에너지를 아낀다. 그 에너지를 다음 날 업무에 쏟는다.

사람을 지치게 하는 건 넘치는 업무량이 아니라 '쫓기는 마음'이다. 내려놓아야 한다. 내려놓아도 충분히 많은 일을 해낼 수 있다. 아니, 내려놓아야 더 많은 일을 할 수 있다.

시간에 쫓기지 않으니 영상과 글의 퀄리티도 만족스럽다. '빨리 끝내야 하는데'라는 조바심에 주의력을 뺏기지 않고 작업 내용 자체에 몰입할 수 있기 때문이다. 온전히 내 속도대로 만들고 내 속도대로 검토한다. '이 정도면 충분히 봤어. 더 이상 고칠 게 없어'라는 확신이 들 때 세상에 내놓는다. 찜찜한 구석 없이 후련하다.

마음의 향방을 정할 때도 내 속도를 따른다. 충분히 고민하며 마음을 천천히 한쪽으로 기울인다. 그렇게 내린 결정은 시간이 지나도 만족스럽다. 좋은 선택이 누적되니 점점 내 삶이 마음에 든다. 나 자신을 사랑하게 된다. 자기 속도대로 살아야 하는 이유다.

노력은 가끔 배신한다

턱걸이를 할 때 노력은 배신하지 않는다. 근육은 거짓말을 하지 않기 때문이다. 하지만 대중의 선택을 받는 일에서는 다르다. 오랜 시간 심혈을 기울인 결과물보다 순간의 영감을 좇아 빠르게 만든 결과물이 더 좋은 반응을 얻기도 한다.

노력이 배신하지 않을 거라 믿고 노력만 하는 건 어리석다. 영리하고 빠른 판단력, 즉 '감'과의 조화가 필요하다.

남의 일보다 나의 일

　광고, 출연, 강연 등 비즈니스 제안은 정말 하고 싶을 때만 수락한다. '나쁘진 않은데'라는 생각으로 수락하면 막상 날짜가 다가왔을 때 꼭 후회했다.

　'그 시간에 차라리 내 일을 할걸!'

　남의 일을 수락하는 이유는 결국 돈 때문이다. 하지만 돈을 많이 벌려면 남의 일이 아니라 나의 일에 집중해야 한다. 내 일로 성과를 내면 '몸값'이 올라가기 때문이다. 그럼 적게 일하고 더 많이 벌 수 있다.

　남의 일이 나의 일을 방해한다면 과감히 거절해야 한다. 시간은 한정돼 있다. 남에게 팔기보다 나에게 투자하는 것이 낫다.

거절의 기준

상대가 갑자기 약속을 취소하는 상황을 상상해 보자. 아쉬울 것
같으면 수락해야 하고, 오히려 좋을 것 같으면 거절해야 한다.

용기 내는 습관

용기 내는 것도 습관이다. 용기를 내다 보면 계속 내게 되고 안 내다 보면 계속 안 내게 된다. 처음에 어떤 습관을 들이느냐에 따라 인생의 스케일이 달라진다.

어려워야 재미있다

축구를 좋아한다. 보는 것도 좋지만 직접 하는 게 더 좋다. 여덟 살 때부터 서른여섯 살인 지금까지 변함없다. 가끔 골똘히 생각한다. 나는 왜 이토록 축구를 좋아하는가.

어렵기 때문이다. 중거리 슈팅이 꽂힐 때의 짜릿함, 스루패스Through Pass가 정확히 들어갈 때의 전율, 동료들과 나누는 역전승의 기쁨. 그런 순간들은 '가끔' 온다. 수많은 실수 끝에 아주 가끔 온다. 그래서 더 값지고 쾌감도 크다. 축구가 쉬웠다면 금방 질렸을 것이고 지금까지 하지 않았을 것이다.

삶도 마찬가지다. 쉬우면 지루하다. 어려워야 재미있다.

영어 회화를 해야 하는 이유

영어 회화를 할 줄 알면 자기 일을 전 세계로 확장할 수 있다. 시장 규모, 영향력, 보상이 훨씬 커진다. 내가 유튜브 콘텐츠에 영어 더빙을 시작한 이유다.

나는 부족하지만 영어로 소통할 수 있다. 덕분에 방한한 토트넘, 맨시티 선수들 그리고 에덴 아자르Eden Hazard, 루이스 피구Luis Figo 같은 레전드 선수들과 유튜브 콘텐츠를 촬영했다. 영어를 못했다면 꿈도 못 꿨을 일이다.

그간 여러 협업을 하며 만난 사람들 중에도 영어 회화 능력 덕분에 글로벌 프로젝트를 맡은 이들이 많았다. 업무 능력은 토종 한국인과 다를 바 없지만 영어가 된다는 이유만으로 더 큰 무대에서 활동했다.

누군가는 AI가 곧 동시통역을 해줄 테니 영어 공부는 필요 없다고 말한다. 하지만 나는 제시 린가드Jesse Lingard 선수와 촬영하며 동시통역의 한계를 절실히 느꼈다. 말이 한 템포 늦게 전달되니 대화의 리듬이 끊기고 무엇보다 농담을 주고받기 어려웠다. 농담의 핵심은 '타이밍'인데 통역사가 말을 옮기는 동안 분위기가 차갑게 식어버린다. 아무리 기술이 발전해도 영어를 직접 구사하는 능력은 여전히 중요할 것이다.

영어 회화 공부의 끝

영어 회화 공부에는 끝이 없다. 아무리 해도 원어민처럼 유창하게 말할 수 없을 것 같다. 얼마나 더 해야 하는지 모르겠어서 지친다. 그래서 명확한 목표를 정했다.

'원어민과 일할 때 한 번에 알아듣고 한 번에 이해시키기.'

일단 '한 번에' 알아듣는 게 중요하다. 토트넘과 협업할 때 영국인 직원들이 너무 빨리 말해서 무슨 말인지 제대로 이해하지 못했다. 자꾸 되물었다. 나중엔 그들이 배려해 줘서 덜 힘들었지만 매번 천천히 말해달라고 부탁할 순 없다. 이후 매일 영국 팟캐스트를 듣는다. 되묻지 않고 한 번에 알아듣기 위해서다.

말할 때도 상대가 '한 번에' 알아듣게 해야 한다. 유창한 발음을 어설프게 흉내 낼 게 아니라 정확한 발음을 익혀야 한다. 예를 들어 '지인'이라는 뜻을 가진 'Acquaintance'는 '액쿼인텐스'가 아니라 '어퀘인턴스'라고 발음해야 상대가 한 번에 이해한다. 정확한 발음을 연습하기 위해 매일 30분 이상 챗GPT와 대화한다. 챗GPT가 내 말을 한 번에 알아듣지 못하면 올바른 발음을 묻고 수십 번 반복한다. 혀, 입술, 턱 근육에 '머슬 메모리'를 만든다. 그러면 나중에 정확한 발음이 자동으로 튀어나온다. 원어민들이 내 말을 한 번에 이해할 것이다.

목표가 명확하니 공부에 방향성이 생긴다. 구체적인 방법이 잡힌다. 끝이 어딘지 알고 가니 지칠 일도 없다. 영어를 원어민만큼 잘할 필요는 없다. 어차피 소통의 도구일 뿐이다. 원활히 협업할 수 있는 수준이면 충분하다. 그게 내 영어 회화 공부의 끝이다.

영어보다 국어

사회생활을 하다 보니 영어보다 국어가 더 중요하다고 느낀다. 글을 정확히 이해하고, 상대의 말을 제대로 알아듣고, 때로는 숨은 의도를 파악하며, 자신의 생각을 명확히 전달하는 능력은 사회생활에서 매우 중요하다. 부족한 내가 사회 구성원으로서 1인분은 하며 살 수 있었던 것도 어릴 때부터 차근차근 쌓아온 국어 실력 덕분인지 모른다.

글을 이해하는 능력은 학창 시절에 길렀다. 특히 '핵심 메시지'를 파악하는 능력을 키워둔 게 유용했다. 한 문장에서 핵심 키워드를 찾고, 한 문단에서 핵심 문장을 찾고, 한 편의 글에서 핵심 메시지를 파악하는 연습을 많이 했다. 사회에서 글을 읽을 때 아주 요긴한 능력이다.

글 쓰는 능력은 SNS 덕분에 많이 늘었다. 스무 살 이후 SNS에 짤막한 글들을 올렸는데 사람들의 반응이 즉각적으로 오니 글쓰기에 재미가 붙었다. 더 잘 쓰고 싶다는 열망이 생겼다. 꾸준히 쓰다 보니 글이 조금씩 나아졌다. 아내는 말한다.

"김진짜가 살아남은 건 순전히 너의 글쓰기 능력 덕분이야."

김진짜의 거의 모든 영상은 대본을 바탕으로 만들기에 결국 시청자의 흥미를 끝까지 붙드는 '대본을 쓰는 능력'이 치열한 유튜브 생태계에서 살아남을 수 있었던 핵심 이유라는 뜻이다. 하지만 대본을 쓰는 건 여전히 어렵다. 더 잘 쓰기 위해 다양한 스토리텔링 기법을 꾸준히 공부한다.

상대의 말을 정확히 알아듣는 능력은 다양한 대화 속에서 길러졌다. 나는 사춘기 때도 여자인 친구들과 편하게 대화했고, 대학생 때는 동기, 선후배, 교수님, 과외 학생 등과 폭넓게 이야기를 나눴다. 덕분에 입장이 다른 사람들의 말 속에 숨은 의도를 읽는 데 익숙해졌다. 특히 장교로 복무했던 군대에서는 책임을 회피하려고 애매하게 지시하는 상관의 '진짜 의도'를 파악하는 능력이 늘었다. 상관과의 회의가 끝나면 우리끼리 또 회의를 열어 숨은 뜻을 유추했던 건 지금 생각해도 코미디지만, 세상에 쓸모없는 경험은 없다고 믿는다.

말하는 능력은 의외로 엄마와의 말싸움 덕분에 늘었다. 감정을 자제하고 논리적으로 설득해야 했기에 소위 '말발'이 엄청 좋아졌다. 아내는 내가 세상에서 말싸움을 가장 잘할 거라고 말한다(하지만 언제나 그녀가 나를 이긴다). 수다스러운 성격도 도움이 됐다. 내 이야기를 계속 듣게 만들고 싶다 보니, 말의 톤과 이야기 전개 속도를 상황에 맞게 조절하는 감각이 생겼다.

영어보다 국어를 잘하는 것이 더 중요하다고 느낀다. 영어는 기회를 넓히지만 국어는 삶 자체를 바꿀 수 있다. 내가 만난 성공한 사람들 중에는 국어 능력이 뛰어나 소통이 특히 잘됐던 이들이 많았다. 국어 실력을 키워야 하는 이유다.

나의 영국 축구 도전기

아랫글은 2017년 3월에 썼다. 다시 읽어보니 당시의 느낌이 어제 일처럼 생생하다. 한편으론 아득히 낯설다. 지금과는 전혀 다른 세상이었기 때문이다.

가끔 그 시절이 내 인생에 어떤 의미로 남아 있는지 생각한다. 단언컨대 내 생애 '가장 찬란한 시기'였다. 인생 최대의 용기를 내어 '내 존재를 발현하려 애썼던 경험'이었다. 비록 실패했지만 꿈을 이루기 위해 '최선을 다했다'라는 자부심은 남았다. 덕분에 죽기 직전에도 후회가 없을 것이다.

***

런던에서 축구 코칭을 하고 있다.

러프버러 대학교 석사 입학을 1년 미루고 런던으로 돌아왔다. 유럽축구연맹Union of European Football Associations, UEFA 코칭 과정을 이수하고 코칭 경험을 쌓기 위해서였다.

런던에 오자마자 180여 개 팀에 이력서와 코칭 포트폴리오가 첨부된 메일을 보냈다. 150여 팀은 아예 답이 없었고 나머지 30여 팀은 'Unfortunately안타깝게도'로 시작하는 정중한 거절 메일을 보내왔다.

그러다 런던 중심부에서 부잣집 아이들을 코칭하게 됐다. 다양한 인종의 열두세 살 아이들은 나보다 영어를 잘했지만 "쟤가 새치기 했어요!"라며 일러바치는 모습은 한국 아이들과 다를 바 없었다.

아이들을 가르치며 몇몇 아마추어 성인 팀과 접촉했다. 그중 현재 일하는 클럽의 감독과 이야기가 잘 풀렸다. 그는 내 이력서와 포트폴리오가 마음에 들었는지 나를 곧바로 '와츠앱WhatsApp(한국의 카카오톡 같은 메신저)' 코칭 스태프 그룹에 추가했다.

그는 목요일 훈련에 오라면서, 처음이니 인사만 하고 지켜볼지 아니면 직접 세션을 진행해 볼지 물었다. 갑자기 심장이 두근거렸지만 나는 주저 않고 세션을 맡겠다고 했다. 그 목요일 밤, 나는 열여덟 명의 영국 성인들을 데리고 훈련을 진행했다. 정식 코치직을 건 테스트인 셈이었다.

훈련은 코칭 과정에서 시연할 때와 완전히 달랐다. 선수들은 내 부족한 영어를 전혀 배려하지 않았다. 나는 그들이 내 피부색과 어눌한 발음이 아닌 코칭 내용 자체에 집중하게끔 만들어야 했다. 이 왜소한 아시아인이 유능한 코치라는 걸 증명해 내야만 했다.

그날 훈련은 후회로 가득 찼지만 다행히 나는 정식 코치가 되었다. 첫 출근 날이 아직도 생생하다. 드레싱 룸에 내가 들어서자 선수들의 시선이 일제히 나를 향했다. 낯선 얼굴을 향한 궁금증이 묻어났다. 분위기를 읽은 수석코치 테리Terry가 나를 소개했다.

"우리의 새로운 코치, 킴Kim이다."

환영의 박수 대신 정적이 흘렀다. 그들의 눈엔 의구심이 가득했다. 드레싱 룸의 공기마저 나를 비웃는 것 같았다.

나는 인정받기 위해 최선을 다했다. 훈련을 세심하게 계획하고, 방안에서 혼자 떠들며 연습하고, 훈련 후 복기하는 과정을 반복했다. 아무리 철저히 준비해도 훈련이 끝나면 감정까지 소모되는 진한 후회를 했다. 반성한 만큼 성장한다지만 나의 반성은 도가 지나쳤다.

하지만 훈련은 점점 나아졌고 결국 팀 내 모두에게 인정받았다. 시합 날 웜업Warm-Up은 내 몫이 되었고, 드레싱 룸에서 팀 연설Team Talk 지분도 얻었다. 감독과 수석코치가 말을 마치면 선수들은 자연스럽게 나의 말을 기다린다.

그들이 내 지시를 받아들여 더 나은 플레이를 보여줄 때 살아 있음을 느낀다. 가끔 선수들이 "킴, 너의 훈련이 차이를 만들었어"라고 말해줄 때 나는 쾌락의 끝까지 간다. 역전승 후 팀원들과 뜨거운 포옹을 나누면 세상을 다 얻은 기분이다.

1944년에 창설된 이 작은 클럽에는 상주하는 직원이 여덟 명이나 있다. 펍에서 일하는 보브라 할머니는 클럽 회장의 아내로, 28년째

이곳에서 일하고 있다.

클럽 하우스는 펍뿐 아니라 부엌, 세탁실, 작은 연회장까지 갖추고 있다. 토요일이면 동네 아저씨들이 4파운드(약 7,000원)를 내고 경기를 보러 온다. 경기 후에는 펍에서 맥주를 마시며 선수들과 대화를 나누다가 집으로 돌아간다. 대학교 수업 내내 '축구팀과 지역 사회를 어떻게 연결할 것인가'에 관해 토론해 온 나로서는 정말 부러운 문화다.

그리하여 나의 런던 생활은 행복하다. 인천국제공항에서 비행기에 오른 순간 타인과의 비교에서 자유로워졌고, 매일 놀라운 것들을 보고 있으며, 나와 다른 시선으로 세상을 보는 사람들을 만나고 있다. 궁극적으로는 나 스스로 자랑스러운 삶을 살고 있다. 더디지만 내가 생각해 오던 방향대로 나아가고 있다. 중요한 건 '속도'가 아니라 '방향'이다.

유정이와 나는 그간 모아놓은 돈을 쓰며 살고 있다. 궁핍하지만 슬프지는 않다. 돈이 삶의 본질이 아님을 알기 때문이다. 우리는 돈 대신 '경험'을 모으고 있다. 삶의 이야깃거리를 풍부하게 늘려가는 중이다.

삶은 경제학과 다르다. 경제학은 투자한 돈과 벌어들인 돈의 차이에 관심을 두지만, 삶에서는 투자한 돈이 '경험', '이야기', '즐거움', '자부심' 같은 무형의 가치로 바뀔 수 있다.

물론 나중에는 부자가 되고 싶고 그렇게 되도록 노력할 것이다.

하지만 지금은 꿈을 좇으며 소소한 일상을 즐길 때다.

유정이는 나에게 험한 세상의 나쁜 놈들로부터 지켜줘야 하는 존재가 되어가고, 나는 유정이에게 꼼꼼함이 필요한 것들을 하나하나 챙겨줘야 하는 존재가 되어가고 있다.

더할 나위 없는 삶이다.

3장

극복

걱정을 다루는
방법

걱정이 머릿속에서 떠나지 않을 때가 있다.
그럴 때 나는 유익한 걱정으로 이전의 걱정을 덮는다.

걱정의 가치

걱정이 많다. 걱정이 너무 많은 걸 걱정할 정도다. 괴롭다는 생각이 들 때마다 걱정의 '가치'를 되새긴다.

걱정은 나를 공부하게 만들었다. 고등학교 1학년 때 문득 '이대로 가다간 정말 인생이 망해버릴지도 모른다'라는 걱정이 엄습했다. 그래서 열심히 공부했다.

걱정은 내 유튜브 채널도 성장시켰다. 기획부터 영상 업로드 때까지 '혹시 이 부분이 논란되지 않을까?'라는 걱정을 놓지 않았다. 덕분에 리스크를 최소화하며 채널을 성장시킬 수 있었다.

걱정은 나를 철저히 '준비'하게 만들었다. 해외 축구 스타들을 영어로 인터뷰하는 진행자로 섭외될 때마다 너무 걱정돼서 누구보다 철저히 준비했다. 덕분에 매번 일을 잘 마쳤고 이후에도 섭외가 이어졌다.

걱정은 나를 더 나은 인간으로 만들어 준다. 걱정을 너무 걱정할 필요는 없다.

걱정을 다루는 방법

　걱정이 머릿속에서 떠나지 않을 때가 있다. 그럴 때 나는 유익한 걱정으로 이전의 걱정을 덮는다. 예를 들어 '5년 후 원하는 위치에 도달하려면 지금 무엇을 해야 할까?' 같은 건설적인 걱정에 집중한다. 그러면 실컷 걱정하면서도 앞으로 나아갈 수 있다.

후회를 멈추는 메모법

지나간 일이 너무 후회돼서 괴로울 땐 이 방법을 쓴다. 후회를 통해 배운 '교훈'을 잘 보이는 곳에 적어두는 것이다. 만약 그 교훈을 적용할 수 있는 다음 일정이 있다면 캘린더의 해당 날짜에 교훈을 메모해 둔다.

예를 들어 회의에서 자신의 의견을 말하지 못해 후회됐다면, 다음 회의 일정에 '생각한 의견은 반드시 말하기'라고 적어둔다. 이렇게 하면 후회의 괴로움에서 벗어날 수 있다. 다음 기회에 그 교훈을 떠올릴 수 있도록 확실히 조치했기 때문에 그때까지는 아무 생각 없이 지내도 된다.

후회의 목적은 더 나아지는 것이다. 교훈을 메모해 두면 감정 에너지를 낭비하지 않고도 나아질 수 있다.

중요한 시험을 앞두고 하면 좋은 생각

시험 결과가 내 인생의 성패를 결정짓지 않는다. 합격해도 불행할 수 있고, 불합격해도 행복할 수 있다. 그러니 편하게 임해도 된다. 결과에 대한 부담감은 결과를 얻는 데에 오히려 방해가 된다. 다만 '최선'을 다해야 한다. 극도의 긴장감을 견디며 내 모든 걸 쏟아보는 경험은 인생에 엄청난 자산이 된다.

중요한 건 '집중력'이다. 시험지에 쓰인 활자의 의미를 이해하는 데에 120퍼센트 몰입해야 한다. '긴장된다'라는 사실을 상기하는 데에 단 1퍼센트의 주의력도 빼앗겨선 안 된다. 오직 문제를 푸는 데 필요한 생각만 하며 날카로운 판단력을 유지해야 한다. 빠른 템포를 유지하는 것도 중요하다.

시험이 끝났다면 깨끗이 잊자. 미련을 가져봐야 결과는 바뀌지 않는다. 신나게 노는 게 낫다. 이제 와 생각해 보면 시험 후에 전전긍긍했던 시간이 가장 아깝다.

신경 가소성 활용하기

20대 후반에 가벼운 우울증을 앓았다. 사업하겠답시고 영국 유학을 중단하고 호기롭게 한국으로 돌아왔지만 현실은 시궁창이었다. 꿈과 멀어진 나를 보며 매일 조금씩 더 우울해지다가 급기야 내 생각을 내가 통제할 수 없는 지경에 이르렀다. 하지만 병원에 가지 않고도 극복했다. 우연히 읽은 뇌 과학 책에서 '신경 가소성'이라는 개념을 알게 되었기 때문이다.

신경 가소성이란 뇌의 신경이 변화하는 성질을 갖고 있다는 뜻이다. 만약 우리가 A라는 생각을 많이 하면 A에 해당하는 신경 회로가 더 커지고 두꺼워진다. 그럼 가만히 있다가도 A가 불쑥 떠오른다. 그때마다 A를 잠시 붙잡고 있다 보면 A의 신경 회로는 더 강화돼서 결국 머릿속이 A로 꽉 차버리게 된다. 가벼운 우울증을 앓던 시절 내 머릿속이 부정적인 생각으로 가득 찼던 이유도 그 때문이었다.

신경 가소성의 놀라운 점은 그 특성을 정반대로도 활용할 수 있다는 것이다. 즉, 긍정적인 생각을 반복하면 긍정적인 생각을 더 많이 하게 된다. 나는 그 개념을 믿고 내 머릿속 신경 회로의 배선을 완전히 바꾸기로 결심했다. 쉽진 않았지만 억지로라도 긍정적인 생각을 끌어올렸다.

'나는 할 수 있다.'

'나는 무조건 된다.'

자칫 공허하게 느껴질 수 있는 주문을 기계적으로 되뇌었다. '이런다고 될까' 싶었지만 멈추지 않았다. 며칠이 지나자 그 문장들이 머릿속에 저절로 떠올랐다. 점점 내재화되더니 결국 온몸이 자신감으로 가득 찼다. 놀랍게도 그 이후에 모든 일이 잘 풀렸다. '인간은 자신이 생각하는 대로 살게 된다'라는 격언을 몸소 체험한 셈이다.

요즘도 나는 걱정과 두려움이 몰려올 때마다 긍정적인 생각을 억지로 되뇐다. 때로는 입 밖으로 소리치기도 한다. 신경 가소성을 잘 활용하면 내 삶을 내 뜻대로 주무를 수 있다는 걸 잘 알기 때문이다.

자존감이 높은 이유

 내 자존감이 높은 이유는 실패에 멋진 의미를 부여할 줄 알기 때문이다.

 그간 무수히 실패했다. 고등학교 3학년 때 대학 입시에 실패했고, 평생의 꿈이었던 유럽 축구 지도자가 되지 못했다. 사업에 실패했고, 구독자가 36만 명이던 유튜브 채널이 저작권 문제로 삭제됐다. 경험도 없이 축구 해설위원에 도전했다가 수많은 안티팬을 만들기도 했다.

 하지만 나는 그 모든 실패 덕분에 내 삶이 더 나아졌다고 믿는다. 더 강한 마음과 더 넓은 시야를 얻었기 때문이다. 만약 인생을 처음부터 다시 산다 해도 나는 기꺼이 똑같은 실패를 저지를 것이다.

 이처럼 실패를 긍정적으로 바라보면 자존감이 낮아지지 않는다. 누구나 이런 '인식의 전환'을 통해 자존감을 지킬 수 있다. 과거는 바꿀 수 없지만 과거를 어떻게 바라볼지는 우리 손에 달렸다.

힘들 때는 제대로 힘들어야 한다

힘들 땐 제대로 힘들어야 한다. 그래야 지나고 나서 뭔가를 얻을 수 있다. 은근히 믿는 구석이 있어서 그다지 괴롭지 않으면 결국 아무것도 얻지 못한다.

나는 재수생 시절을 통해 '실전에 강한 멘탈'을 얻었다. 유튜브 채널이 삭제되고 다시 키우는 과정을 통해 진정한 의미의 '회복 탄력성'을 지니게 됐다. 당시엔 세상이 끝날 것처럼 절박하고 괴로웠다. 덕분에 그런 심리적 자산을 얻을 수 있었다고 생각한다.

마음도 근육과 같다. 힘든 만큼 단단해진다. 힘들 때 제대로 힘들어야 하는 이유다.

불안할수록 몰두해야 한다

살다 보면 누구나 불안한 시기를 맞는다. '취업 준비생' 시절이 대표적이다. 그럴 땐 불안을 온전히 받아들이고 한 가지 일에 몰두해야 한다. 그래야 실력이 늘고 경쟁력이 생긴다.

어떤 사람들은 불안을 견디지 못하고 지나치게 '병행'한다. 갑자기 계획에도 없던 대학원 원서를 넣고, 별다른 목적 없이 자격증을 따고, 필요 이상으로 아르바이트를 늘린다. 바쁘게 살면 불안은 줄어들지만 '덩어리 시간'이 쪼개진다. 에너지도 분산된다. 결국 남들과의 차이를 만드는 한두 가지 핵심 역량을 키우기 어렵다.

지금의 나를 먹여 살리는 콘텐츠 제작 능력, 축구 분석 능력은 가장 불안했던 시기에 가장 많이 늘었다. 넘치는 시간을 한 가지 일에 쏟고 매일 반복하니 가속도가 붙었다. 그 시기를 지나고 보니 나름 경쟁력을 갖춘 상태였다. 전혀 예상치 못한 성장이었다.

불안을 받아들이는 건 어렵다. 한 가지 일에 몰두하는 것도 쉽지 않다. 많은 사람들이 해내지 못한다. 그러니 그 두 가지를 해내면 반드시 경쟁 우위에 설 수 있다.

어려운 일은 더 많은 '경험치'를 준다

'내가 할 수 있을까?'라는 생각이 들수록 그 일은 반드시 해야 한다. 어려운 경험일수록 더 많은 '경험치'를 주기 때문이다.

나도 영국에서 처음으로 성인 아마추어 축구팀을 코칭하기 전에 스스로를 의심했다.

'선수들이 내 영어를 알아들을까?'

'아시아인이라고 무시하지는 않을까?'

하지만 두려움을 이겨내고 부딪쳐 보니 점점 여유가 생겼다. 결국 선수들은 나를 괜찮은 코치로 여겨주었고 인간적으로도 가까워졌다. 절대 넘지 못할 것 같던 산을 넘고 나니 앞으로 어떤 어려운 일이 닥쳐도 해낼 수 있을 것 같다는 자신감이 차올랐다. 두려웠던 만큼, 정확히 그만큼 더 성장한 느낌이었다. 축구 해설위원에 도전했을 때도, 첫 강연 무대에 섰을 때도, TV 예능에 첫 출연 했을 때도 마찬가지였다. 어렵다고 생각했던 일일수록 더 많은 경험치를 주었다.

하지만 '그런 것쯤은 일도 아니지' 싶은 쉬운 경험은 경험치를 거의 주지 않았다. 아무리 반복해도 성장의 폭은 미미했다. 쉬운 일보다 어려운 일을 환영해야 하는 이유다.

발작 버튼의 진짜 의미

누구에게나 '발작 버튼'이 있다. 유독 급발진하게 하는 주제 말이다. 이는 단순히 화가 나는 포인트가 아니다. 그 안에는 '열망'이 담겨 있다. 예를 들어 나에겐 "넌 축구를 못해"라는 말이 발작 버튼이다. 축구를 잘하고 싶기 때문이다. 아내에게는 "넌 좋은 엄마가 아니야"라는 말이 발작 버튼이다. 좋은 엄마가 되고 싶기 때문이다.

열망은 내 의지로 선택할 수 없다. 선천적 기질과 후천적 경험이 섞여 무의식적으로 형성된다. 그래서 쉽게 바뀌지 않는다.

우리가 할 수 있는 최선은 발작 버튼에 내 열망이 투영되어 있음을 이해하고 그 버튼이 눌렸을 때 '알아차리는 것'이다.

'아, 저 사람이 내 발작 버튼을 건드렸구나. 흥분할 필요 없어. 내 열망이 투영되어서 더 예민해졌을 뿐이야.'

이렇게 생각해야 감정에 휘둘리지 않고 현명하게 반응할 수 있다. 발작 버튼은 약점이 아니다. 내가 원하는 것을 가리키는 나침반이다.

낭독 공포증

　고등학교 1학년 국어 시간, 나는 평소처럼 재치 있는 이야기로 반 전체를 웃겼다. 웃음이 잦아들자 선생님이 나에게 교과서의 예문을 읽어보라고 했다.

　나는 소리 내어 글을 읽었다. 중간쯤 읽어 내려가는데 갑자기 심하게 긴장이 됐다. 심장이 튀어나올 듯 쿵쾅거렸고 목소리가 떨렸다. 왜 그런지는 알 수 없었다. 당황하는 찰나, 한 여자아이와 눈이 마주쳤다. 그 친구는 아무 생각 없이 뒤돌아본 것일 수도 있었지만 나는 그녀의 속마음을 멋대로 상상했다.

　'헐, 쟤 왜 저렇게 떨어? 고작 교과서 읽는 건데. 한심하다.'

　그 일은 트라우마가 됐다. 선생님이 또 낭독을 시킬까 봐 24시간 걱정했다. 낭독을 자주 시키는 세 분의 선생님께는 조용히 쪽지를 건넸다.

　'트라우마가 있으니 저는 시키지 말아주세요.'

세 분 중 두 분은 이해해 주셨지만 한 분은 "그래도 시켜야 하는데……"라며 나를 압박했다. 트라우마를 이겨내게 하려는 뜻이었을지도 모르지만 당시의 나는 그 선생님을 원망할 수밖에 없었다.

공포는 점점 커져 삶 전체를 짓눌렀다. 나는 학교에서 한 마디도 하지 않았고 급기야 '자퇴'를 원했다. 왜 자퇴하려는 거냐는 질문에 나는 "얼른 검정고시 패스하고 수능 보려고"라고 둘러댔지만, 사실은 '낭독하는 상황'에서 영원히 도망치고 싶었기 때문이었다.

고등학교를 무사히 졸업하고 대학에 갔다. 그런데 또 낭독을 시키는 게 아닌가. 예전처럼 교수님께 쪽지를 건넸다. 하지만 내용은 달랐다.

'트라우마가 있으니 제게 낭독을 시켜주세요.'

마침내 극복해야겠다고 마음먹은 것이다. 다행히 교수님이 천사였다. 짧은 문장만 골라 나에게 낭독을 권했다. 내 목소리가 떨리기 시작할 즈음 문장이 끝나버렸다. 점차 공포감이 줄어들었다.

3학년 때 교양 수업에서 발표를 마친 후 '트라우마를 완전히 극복했다'라고 느꼈다. 그 순간이 생생하다. 짜릿한 해방감. 내 몸속 세포 하나하나가 환호하는 느낌. 무엇이든 할 수 있을 것 같은 기분.

이후 나는 영국에서 영어로 축구를 가르쳤다. 유튜버로서 수백 명을 앞에 두고 강연했다. 축구 해설위원으로서 생방송 카메라 앞에 섰다. 해외 축구 스타들을 영어로 인터뷰했다. 이제는 어떤 상황에서도 긴장하지 않는다. 자신 있게 '낭독'한다.

자기 자신을 이겨낸 사람은 무엇이든 할 수 있다.

고민할 때와 아닐 때

    고민은 '결과에 영향을 줄 수 있을 때'만 한다. 고민을 통해 지금 할 수 있는 조치 중 최선을 선택하고 곧바로 행동으로 옮긴다. 그리고 편안한 마음으로 결과를 기다린다.

    고민이 결과에 어떤 영향도 줄 수 없다면 고민하지 않는다. 물론 자꾸 떠오르는 생각을 떨쳐내기는 쉽지 않다. 하지만 그 생각을 붙잡는 게 무의미하다는 사실을 계속 되새기면 내려놓기가 한결 수월해진다.

일희일비하지 않는 법

일희일비하지 않으려면 '다음 작업'에 몰입해야 한다.

예전엔 유튜브 영상 조회 수에 따라 일희일비했다. 조회 수가 잘 나오면 좋은 기분에 취해 이틀을 놀았고, 잘 나오지 않으면 무기력해져 이틀을 멍하니 보냈다. 극단적인 감정 변화가 반복되니 정신적으로 힘들었다.

지금은 다르다. 조회 수와 상관없이 곧바로 다음 작업에 착수한다. 새로운 일에 몰두하면 지나간 일은 자연스레 잊힌다. 일희일비하며 제자리를 맴도느니 또 다른 창작에 몰두하며 앞으로 나아가는 게 낫다. 정신 건강에도 좋고, 생산성도 올라간다.

더 잘나가는 방법

한 브랜드와의 협업이 막판에 무산됐다. 돈을 벌지 못해서 속상한 게 아니라 자존심이 상했다. 내가 더 '잘나가는' 사람이었다면 이런 취급을 당하지 않았을 거란 생각이 들었다.

오기가 생겼다. 며칠간 '어떻게 하면 더 잘나갈 수 있을까' 고민했다. 승부욕 내지는 복수심이었다.

고민 끝에 내린 결론은 간단했다. 지금 하는 일을 더 잘 해내는 것. 즉, 더 좋은 영상을 만들고 더 좋은 글을 쓰는 것. 그게 내가 더 잘나갈 수 있는 유일한 방법이었다.

문제는 고민하는 동안 정작 내 할 일을 하나도 못 했다는 점이다. 더 잘나가겠다는 목표에서 오히려 멀어진 셈이다. 아무 고민 없이 평소처럼 묵묵히 일했더라면 지금쯤 목표에 더 가까워져 있었을 것이다.

생각해 보면 항상 그랬다. 욕심 없이 내 일에 푹 빠져 있을 때 일이

가장 잘 풀렸다. 돈과 성취를 신경 쓰지 않을 때 오히려 그것들에 가
장 빨리 가까워졌다. 지름길은 없다. '정도'를 걷는 게 가장 빠르다.

PS 평온하고 즐겁게 내 일에 몰두하다 보면, '굳이 더 많이 벌고 더 잘나
가야 할까' 하는 생각이 들기는 한다.

사회가 정하는 나의 속도

1년 넘게 세계여행을 하며 히피처럼 살던 친구가 있었다. 영원히 자유롭게 살 것처럼 말하더니 귀국하자마자 취업 준비에 몰두해 대기업에 들어갔다. 그는 나중에 이렇게 말했다.

"한국에 오니까 갑자기 마음이 급해지더라."

나도 그랬다. 영국에 있을 때는 산책하듯 살았다. 내가 원하는 방향으로, 내가 원하는 속도로 걸었다. 주변 사람들도 그랬기 때문이다. 하지만 한국에 돌아와서는 경주하듯 살았다. 한 명이라도 더 앞지르려고 힘껏 달렸다. 모두가 그렇게 살고 있었기 때문이다.

인간은 자신의 의지대로 산다고 착각하지만 사실 사회 분위기의 영향을 많이 받는다. 자신이 어떤 환경에 놓여 있는지 인식해야 한다. 그래야 자기 삶의 방향과 속도를 지킬 수 있다.

짜증의 원인

갑자기 짜증이 나는 이유는 마음속에 '무리한 계획'을 품고 있기 때문이다.

나는 업무 계획을 타이트하게 짜놓고 예상치 못한 일이 생겨 계획대로 진행되지 않으면 크게 짜증을 낸다. 아내도 비슷하다. 아이를 평소보다 일찍 재우겠다는 무리한 계획을 세운 날 유독 쉽게 짜증을 낸다.

짜증은 백해무익하다. 문제 해결에 도움이 되지 않을뿐더러 감정까지 해쳐 목표 달성을 더 늦춘다.

계획을 세울 때는 돌발 상황을 고려해 충분한 여유를 둬야 한다. 그래야 오히려 목표를 더 빠르게 달성할 수 있다. 짜증 낼 일이 없으니 마음도 평온하다.

너와 나의 약점

남의 약점을 지적하는 건 쉽다. 나의 약점을 인정하는 건 어렵다.
하지만 후자가 훨씬 유용하다.

자기혐오의 가치

나는 '자기혐오' 덕분에 원하는 삶을 살게 됐다.

어떤 사람들은 원하던 삶과 멀어져도 그럭저럭 만족하며 살아간다. 하지만 나는 견디지 못했다. 처지를 비관하며 극심한 자기혐오에 빠졌다. 그때 깨달았다. 나는 '원하는 대로 살지 않으면 버틸 수 없는 인간'이었다.

자기혐오는 '도저히 이렇게는 못 살겠다'라는 오기로 바뀌었다. 오기는 의욕이 되었다. 그때부터 일이 조금씩 풀리기 시작했다. 결국 나는 원하는 삶을 살게 됐다.

내 삶을 바꾼 건 열정이나 의지 같은 고상한 가치들이 아니었다. 자기혐오였다. 자기혐오는 때로 유용하다.

위기를 반기는 이유

　실제 인물의 삶을 다룬 영화에는 항상 '위기'가 있다. 위기를 극복한 인간만이 타인에게 영감을 줄 수 있기 때문이다. 위기 없이 탄탄대로인 삶은 결코 영화로 만들어지지 않는다.

　삶에서 위기를 마주할 때마다 나는 생각한다.

　'매력적인 스토리를 완성할 기회가 왔다.'

　잘 극복해서 더 깊고 풍성한 삶을 만들리라 다짐한다.

　위기는 내 삶을 빛내주는 선물이다. 위기를 기꺼이 반기는 이유다.

질투심 없애는 법

경쟁자가 잘나가니 질투심이 생겼다. 괜히 신경 쓰여서 그의 일거수일투족을 염탐했다.

'나도 저렇게 해봐야 하나?'

마음이 흔들렸다. 일이 손에 잡히지 않았다.

질투는 '나에게 온전히 집중'할 때 끝났다. 내가 가장 잘하는 것에 집중해서 나만의 방식으로 성취하니 질투심이 사라졌다. 스스로를 뿌듯하게 여기는 마음이 가득해서 질투심이 끼어들 틈이 없었다.

'남'이 아니라 '나'에게 몰두하는 것. 그래서 내 삶을 더 재미있게 만드는 것. 그것이 질투심에서 벗어나는 유일한 방법이다.

얇은 다리로 이룬 성과

고등학교 3학년 때 대학 입시에 실패했다. 그토록 원하던 서울대 체육교육과에 입학하지 못한 것이다. 부모님께 문자 메시지를 보내 소식을 전했다. 아빠에게서 답장이 왔다.

'수고했다. 너에게 얇은 다리를 물려주어 미안하구나. 모두 아빠 탓이다. 정말 미안하다.'

'얇은 다리'라니? 무슨 소리인가 싶었다. 문득 기억이 떠올랐다. 축구 실기시험을 채점하는 교수님이 '덩치 좋고 다리 굵은 학생'을 선호한다는 소문이 돌고 있다고 아빠에게 말한 적이 있었다. 아빠는 그 말을 마음에 담아두고 계셨던 것이다.

스무 살의 나는 아빠의 '사과'를 이해할 수 없었다. 왜 당신이 미안 하다고 하는 걸까? 16년이 지나 내가 아빠가 되어보니 알 것 같다. 아빠는 내가 자책하지 않길 바랐던 것이다. 불합격의 원인을 나 자신이 아니라 외부에서 찾고 금세 다시 일어서길 바랐던 것이다. '아빠'의 마음이었다. 언젠가 내 아들들이 실패를 겪는다면 나도 비슷한 말을 건넬 것 같다.

아빠는 내게 얇은 다리를 물려주었지만 결코 포기하지 않는 '끈기'도 물려주었다. 재수 끝에 원하던 대학에 합격한 것이다. 나는 대학 4년간 '굵은 다리를 선호하는' 그 교수님 밑에서 약 100경기를 뛰었다. 2학년 때는 원로 교수님께서 시즌 MVP로 뽑아주셨다.

얇은 다리로 이룬 성과치고는 나쁘지 않았다고 생각한다. 나는 내 다리가 아주 마음에 든다.

꿈의 끝, 꿈의 시작

　2018년 3월, 서른 살에 쓴 글이다. 당시 나는 영국에서 석사 과정을 중도에 포기하고 사업을 시작하기 위해 한국으로 돌아온 상황이었다. 이 글을 쓰며 지난 '실패'에 의미를 부여하고 희망찬 미래를 다짐했다. 돌아보면 그 시기가 내 인생에서 가장 중요한 터닝 포인트였다. 지금 비슷한 시기를 겪고 있을 누군가에게 위로가 되길 바라는 마음으로 당시 글을 원문 그대로 옮겨 싣는다.

***

　영국을 떠나온 지 벌써 세 달이 되었다.

　영국 러프버러에 위치한 그 작은 아파트에서 유정이와 며칠 밤을 지새우며 미래에 관해 고민했던 것이 이제는 까마득하다. 귀국 결정을 내리고서 한동안은 지인들에게 우리의 결정에 관해 설명했다.

하지만 이내 진절머리가 났다. 신영복 선생님이 말했듯 사람의 생각이란 '자기가 살아온 삶의 결론'이다. 사람들은 저마다 다른 생각을 했다.

더 이상 설명할 필요가 없다는 사실을 깨닫고 나서 비로소 나는 내가 돌아온 이유를 더 잘 설명하게 되었다. 영국 4부 리그 이상 팀에서 코치가 되어보겠다는 꿈은 결국 좌절되었고, 차선책으로 생각했던 교수는 사실 내가 원치 않는 길이었다. 그래서 예전부터 마음 한편에 고이 간직했던 '사업을 해야 한다'라는 생각을 기어이 발동시킨 것이다. 삶은 결코 계획대로 흘러가지 않는다.

언제나 최선을 다했기에 후회나 미련은 전혀 없다. 그러나 그 길들을 걷던 때에 나를 이끌어 주던 사람들이 마음속에서 지워지질 않는다.

진로를 바꾸었다고 해서 영국에서 보낸 시간들이 허송세월이었던 것은 아니다. 외국에서 얼마간 살아보고 싶다는 소망도 이뤘고, 부족하게나마 영어로 소통할 수 있게 되었고, 영국 하부 리그 축구를 겪었고, 세계적인 대학이 무엇을 어떻게 가르치는지도 배웠다. 무엇보다 좋은 사람들을 많이 만났다. 일생의 모든 경험은 언젠가 빛을 발하게 된다고 믿는다.

요즘 출근길엔 무슨 일이 있어도 유정이를 '사모님'으로 만들어 주겠다고 다짐한다. 내가 어떤 삶을 살든 나를 응원해 주는 동반자를 만난 것은 일생의 행운이다. 나를 알아주는 사람이 있다는 것, 세상에 그보다 강력한 동기부여는 없다. 아무래도 삶에서 느끼는 여러 행복 중 최고는 하루의 끝에 유정이와 침대에 누워 피천득의 수필에 마음을 적시는 순간이 아닌가 한다.

앞으로의 내 삶에 기쁨이 가득할 것만 같고 또 나의 삶이 남에게 기쁨을 줄 것이라고 믿는다.

4장

깨달음

더 나은 삶을
사는 법

내가 통제할 수 없는 일은 신경 쓰지 않고,
통제할 수 있는 일에만 최선을 다하기.

경제적 자유를 좇지 않는 이유

친구가 코인으로 100억 원 이상을 벌었다. 한강 뷰 아파트로 이사를 갔다길래 한번 놀러 가봤다. 탁 트인 한강은 역시 아름다웠다.

집으로 돌아오는 길에 생각에 잠겼다. 내가 그 친구의 입장이라면 어떻게 살까? 좋은 집과 차를 마련한 뒤 세계여행을 다녀오고, 그 후의 일상을 무엇으로 채울까? 쉽게 답하기 어려웠다. 결국 '어떤 삶을 살고 싶은가'라는 질문에 답하는 일이었기 때문이다.

두 달간의 치열한 고민 끝에 결론을 내렸다. 나는 '가치 있는 무언가를 남기고 싶은 인간'이었다. 죽은 후에도 사람들에게 좋은 영향력을 미치길 원했다. 더 나은 영상과 글을 남기기 위해 노력하며 살고 싶다고 생각했다. 그러면서 가끔 축구를 하고, 커피를 마시고, 가족과 많이 웃을 수 있다면 더할 나위 없겠다고 여겼다.

그러다 문득 '이미 그렇게 살고 있다'라는 사실을 깨달았다. 원하는 삶을 살기 위해 반드시 많은 돈이 필요한 건 아니었다. 어차피 경제적 자유를 이뤄도 나는 지금처럼 살 게 분명하다. 그러니 굳이 경제적 자유에 목매지 않고 현재의 삶을 최대한 누리기로 다짐했다.

누구나 경제적 자유를 원한다. 그러나 그 이후에 어떤 삶을 살고 싶은지 진지하게 고민하는 사람은 드물다. 잠시 멈추고 생각해 보자. 뜻밖의 해방감을 얻을지도 모른다.

돈을 어떻게 버는가가 중요하다

나는 돈을 '얼마나 버느냐'보다 '어떻게 버느냐'를 중시한다.

내가 돈을 벌수록 남들이 더 행복해지는 일을 해야 한다고 생각한다. 그러면 내 일에 자긍심을 느끼고 떳떳할 수 있을 것이다.

반면 내가 돈을 벌수록 남들이 더 불행해지는 일을 한다면 돈이 아무리 많아도 스스로 부끄러울 것이다.

부끄러운 돈을 많이 갖느니 떳떳한 돈을 조금 가지는 게 낫다.

관점이 중요한 이유

누군가는 세상을 '냉혹한 전쟁터'로 보고 누군가는 '행복한 놀이터'로 본다. 세상을 어떻게 바라보느냐는 중요하다. 그것이 곧 자신이 살아갈 세상을 만들기 때문이다.

예를 들어 세상을 '전쟁터'로 보는 사람은 타인을 경쟁자로 여기고 돕지 않을 것이다. 반면 세상을 '놀이터'로 보는 사람은 타인을 동료로 여기고 기꺼이 도울 것이다. 결과적으로 전자는 타인으로부터 도움을 돌려받지 못하고 후자는 돌려받는다. 그들은 '역시 세상은 내가 생각했던 대로구나' 하며 각각 자신의 관점을 강화한다. 그리고 이전과 똑같이 행동하며 자신을 둘러싼 세상을 점점 더 자신의 관점과 비슷하게 만들어 간다.

결국 우리가 바라보는 세상이 우리가 살아갈 세상이다. 애초에 어떤 관점을 가지느냐가 중요한 이유다.

해보지 않은 일은 쉬워 보인다

지인이 특정 유튜버를 싫어한다. 이유를 물으니 콘텐츠도 별로인 데 너무 쉽게 돈을 번다는 것이다. 나는 깜짝 놀랐다. 평소에 그 유튜버가 콘텐츠에 쏟는 정성이 대단하다고 생각했기 때문이다.

차이는 '경험'이었다. 지인은 유튜브를 해본 적이 없고 나는 6년째 하고 있다. 그 유튜버와 같은 수준의 콘텐츠를 만들기가 얼마나 어렵고 고된지 나는 직접 겪어봤다. 그가 얻은 수입과 인기가 정당하다고 느끼는 이유다. 하지만 내 지인은 콘텐츠 제작 경험이 없으니 그게 얼마나 힘든지 모른다.

〈뭉쳐야 찬다〉 촬영 때도 비슷한 걸 느낀다. 경기가 끝나면 상대 팀 선수들이 하나같이 하는 말이 있다.

"직접 뛰어보니 TV로 볼 때보다 훨씬 잘하시네요!"

눈으로 보는 것과 직접 하는 것은 완전히 다르다. 자신이 해보지 않은 일을 쉽게 평가하면 안 되는 이유다. 나도 늘 조심한다.

일상이 있어야 일탈이 있다

    자유롭게 살았다. 일하고 싶을 때 일하고, 자고 싶을 때 잤다. 먹고 싶은 게 있으면 곧바로 시켜 먹었다. 참지 않았다. 평일 오전엔 자전거를 타고 서점에 갔다. 카페라테를 마시며 책을 읽었다. 남들이 일하는 시간에 누리는 여유가 좋았다. 하지만 그 생활을 3년 넘게 하다 보니 더는 즐겁지 않았다. 일탈이 일상이 되니 지루했던 것이다.

    규칙적인 일상을 만들었다. 매일 같은 시간에 일어나 오전에는 글을 쓰고 오후에는 축구 영상을 제작했다. 퇴근 후엔 운동을 하고 독서로 하루를 마무리했다. 일상이 자리 잡으니 은은한 만족감을 느꼈다. '행복'했다.

    일탈의 '쾌락'도 되찾았다. 주말에 서점에 가면 그렇게 달콤할 수가 없었다. 가끔 치킨에 맥주를 곁들이면 탄성이 터져 나왔다.

    '행복'과 '쾌락'을 모두 잡는 방법은 지루해 보이는 일상을 묵묵히 지켜내는 것이다. 일상이 있어야 일탈이 있다.

적응되지 않는 쾌락

대부분의 쾌락은 적응된다. 좋은 집, 멋진 자동차, 맛있는 음식, 사회적 성공, 모두 처음엔 좋지만 이내 당연해진다. 그러나 누구에게나 '결코 적응되지 않는 쾌락'이 있다. 내게는 축구가 그렇다. 모닝커피 한 잔, 글을 읽고 쓰는 것, 아내와 아이들의 얼굴을 보는 것도 마찬가지다. 아무리 반복해도 질리지 않는다. 늘 새롭다.

자신만의 '적응되지 않는 쾌락'을 찾아야 한다. 그게 많을수록 삶은 지루할 틈 없이 반짝인다.

욕망과 행복은 반비례

원하는 것이 많으면 많이 가져도 불행하고, 원하는 것이 적으면 적게 가져도 행복하다.

행복한 불편

편안함이 항상 행복을 주는 건 아니다. 때로는 불편함이 더 큰 행복을 준다. 자동차보다 자전거, 이메일보다 손 편지, 호텔보다 캠핑이 더 특별한 기억을 남긴다. 내 소중한 추억들에도 늘 불편함과 피곤함이 함께했다. 반면 고급스럽고 안락했던 순간들은 당시에는 좋았지만 기억에 오래 남지 않았다.

불편함을 기꺼이 환영한다. 그리고 그것이 행복한 추억으로 무르익길 기다린다.

자연스러워야 한다

자연스러운 게 최고다.

일단 콘텐츠가 그렇다. 유재석의 〈핑계고〉가 성공한 이유는 무엇보다 자연스럽기 때문이다. 사전에 짜인 대본이 없으니 출연진의 대화가 억지스럽지 않고 편안하다. 보는 사람도 편하다. 부담 없이 시청했던 기억이 있으니 자꾸만 클릭하게 된다.

내 '김수호천사' 영상이 인기를 얻은 이유도 영상 속의 내가 자연스럽기 때문이다(갓 태어난 아들 이름을 고민하다가 갑자기 상황극을 하며 급발진하는 영상이다. 유튜브에 '김수호천사'라고 검색하면 볼 수 있다. 조회 수가 1,100만 회를 넘었다). 당시 아내와 나는 5일 내내 브이로그 영상을 촬영하던 터라 3일 차부터는 카메라를 전혀 의식하지 않았다. 그러다 보니 평소 내 모습이 영상에 그대로 담겼다. 억지스럽지 않고 자연스러우니 진짜 웃음이 터진다.

〈뭉쳐야 찬다〉도 비슷하다. 촬영할 때 작정하고 웃겨보려 한 말은 편집되고 힘 빼고 툭툭 뱉은 말이 방송에 더 많이 나온다. 아마 더 자연스러워 보이기 때문일 것이다.

콘텐츠뿐 아니라 사람을 만날 때도 자연스러움이 중요하다. 그 사람과 함께 있을 때의 내가 자연스러워야 한다. 물론 첫눈에 반했을 때는 잠시 뚝딱거릴 수 있다. 하지만 만남을 지속하면서도 내가 아닌 다른 누군가처럼 연기를 하게 된다면 그런 관계는 오래가기 어렵다.

삶도 자연스러워야 한다. 자신의 일상이 부자연스럽게 느껴진다면 지속되기 어렵다. 억지로 버티는 데는 한계가 있기 때문이다. 일상이 자연스러워야 오래 지속할 수 있고, 결국 자기 삶을 좋아하게 된다.

인기 댓글 경계하기

인기 댓글을 눈여겨본다. 콘텐츠를 만드는 사람으로서 대중의 생각을 파악하는 것이 중요하기 때문이다.

하지만 어느 순간부터 콘텐츠보다 댓글을 더 유심히 본다. 순서도 문제다. 콘텐츠를 보기 전에 댓글을 먼저 보니 콘텐츠에 대한 편견이 생긴다. 내 진짜 의견을 알 수 없다. 가끔은 인기 댓글을 정답처럼 여기고 그것을 내 생각인 양 착각하기도 한다.

콘텐츠를 먼저 보고, 나만의 의견을 정리한 후 댓글을 '참고'하는 습관이 필요하다. 특히 찬반이 갈리는 민감한 이슈의 댓글은 더 비판적으로 바라봐야 한다. 특정 세력이 여론을 조작하기도 하고 대중은 그 흐름에 쉽게 휩쓸리기 때문이다.

인기 댓글은 매력적이다. 하지만 거기에 내 생각을 아예 맡겨버리면 결국 남의 생각대로만 살게 된다. 스스로 생각해서 자신만의 견해를 가져야 내가 원하는 삶을 더 구체적으로 살아낼 수 있다.

알고리즘에서 벗어나기

가끔 일부러 낯선 것들을 찾아 나선다. 낯선 콘텐츠, 낯선 책, 낯선 장소, 낯선 사람. 마음을 활짝 열고 새로움을 받아들인다. 나만의 알고리즘에 갇혀 세상의 단편만 보지 않기 위해서다. 생각의 외연을 넓혀야 한다. 인간은 자신의 생각 그 이상도 이하도 아니다.

책을 읽어야 하는 이유

아내와 나는 서로의 뇌가 '동기화'되어 있다. 11년간 대화를 어마 어마하게 나누다 보니 생각하는 방식이 비슷해졌다. 가끔 소름이 돋을 정도다.

책을 읽는 이유도 '동기화'를 위해서다. 세상의 수많은 작가, 석학, 기업가의 뇌와 연결될 수 있다. 이미 세상을 떠난 위대한 인물의 통찰도 흡수할 수 있다. 그럼 인생의 중요한 결정 앞에서 후회 없는 선택을 하게 된다. 그들과 함께 고민하고 판단하는 셈이기 때문이다.

책을 통해 수많은 뇌와 동기화되면 더 다채로운 삶을 살 수도 있다. 시야를 넓히고, 관점을 전환하고, 다양한 감정을 느끼고, 타인의 입장에 서보며 단 한 번뿐인 삶을 여러 번 사는 것처럼 살아볼 수 있다.

내가 꾸준히 책을 읽는 비결

책을 꾸준히 읽는다. 유튜브를 보듯 재미있는 책만 골라 보기 때문이다.

사람들이 책을 읽지 않는 이유는 '재미'를 기준으로 삼지 않고 지식을 얻거나 성장하겠다는 '의무감'으로 읽기 때문이다. 억지로 하는 일은 오래갈 수 없다.

나는 정말로 유튜브를 보듯 책을 읽는다. 재미있어 보이는 책을 '클릭'해서 재미있는 부분만 보다가 재미가 없어지는 순간 곧바로 다른 책으로 넘어간다. 언제나 '재미'가 기준이다. 유튜브를 볼 때와 같다.

가끔 유튜브에서 정말 재미있는 영상을 만나듯 정말 재미있는 책을 만날 때가 있다. 푹 빠져 읽다 보면 어느새 새로운 사실을 배우고, 통찰을 얻고, 용기를 얻는다. 우리가 익히 아는 책의 '가치'다. 재미만 좇아 읽어도 책이 주는 가치를 충분히 누릴 수 있다.

유튜브는 재미없으면 바로 끄면서 왜 책은 억지로 붙들려 하는가. 둘은 형태만 다를 뿐 결국 '콘텐츠'를 담는 그릇이다. 자신에게 재미있는 책만 보면 된다. 그래도 읽을 게 넘친다.

휴일에 유튜브, 넷플릭스, 인스타그램을 전전하다 지겨우면 관심 있는 주제의 책을 찾아보자. 흥미로운 콘텐츠가 끝없이 펼쳐질 것이다. 기분에 따라 따뜻한 차나 시원한 맥주를 곁들이면 더할 나위 없다.

스마트폰에 묶인 삶

횡단보도에서 초록불을 기다리며 스마트폰을 봤다. 문득 정신을 차리니 초록불이 꺼져가고 있었다. 다음을 기약했다. 재밌는 건 내 옆 사람도 스마트폰을 보느라 길을 건너지 못했다는 것이다.

어쩌면 우리는 삶에서도 앞으로 나아갈 수 있는 순간에 스마트폰만 들여다보느라 멈춰 서 있는지도 모른다.

감정도 습관이다

주말마다 일을 해야 한다는 압박감을 느낀다. 6년간 프리랜서로 지내며 주말에도 일하던 습관이 남아서다. 수많은 경험을 통해 주말에 일하는 것이 오히려 생산성을 떨어뜨린다는 걸 깨달았지만 압박감은 여전하다. '감정'에도 습관이 있다.

유독 엄마에게만 짜증을 낸다거나, 유난히 이성 친구에게만 까탈스럽게 군다거나, 자려고 누울 때마다 부끄러운 기억이 떠오른다거나 하는 것 역시 감정의 습관 때문이다.

습관을 고치는 건 쉽지 않다. 하지만 그것이 습관임을 깨닫는 순간, 고칠 수 있는 가능성이 생긴다.

늙지 않는 법

예전에 했던 이야기를 자꾸 반복하면 늙은 것이다. 나는 늙고 싶지 않다. 나이 먹어도 늘 새로운 이야기를 꺼내는 사람이고 싶다. 새로운 걸 배우고, 경험하고, 생각해야 한다. 그럼 죽는 날까지 젊을 수 있다.

노는 것보다 일하는 게 재미있다

번아웃이 올 것 같아 한 달을 쉬었다. 유튜브, 넷플릭스, 인스타그램을 보는 것도 3일 지나니 지겨웠다. 결국 한 달 내내 책과 축구만 봤다. 내가 꽤 심심한 인간이라는 걸 새삼 깨달았다.

문득 일을 하고 싶어졌다. 노는 것보다 재미있을 것 같았다. 영상을 만들고 글을 쓰며 의미 있는 무언가를 남기고 싶었다. 아무것도 남기지 못한 지난 한 달이 아깝게 느껴졌다.

다시 일을 시작하니 몸과 마음에 생기가 돌았다. 스트레스는 있었지만 지루한 것보다는 나았다. 일하기 싫다는 생각이 들 때마다 노는 게 고역이었던 그 한 달을 떠올린다. 우리는 모두 간절히 놀고 싶어 하지만 사실 일하는 게 더 재미있을 수 있다. 평생 일하지 않아도 되는 부자들이 계속 일하는 이유다.

더 나은 삶을 사는 법

내가 통제할 수 없는 일은 신경 쓰지 않고, 통제할 수 있는 일에만
최선을 다하기.

소유와 창조

'소유'보다 '창조'에 관심이 많다. 어디에 살고, 무슨 차를 타고, 어떤 옷을 입는지보다 내가 만들어 내는 영상과 글이 가치 있는지에 더 신경 쓴다. 우리가 죽고 나면 사람들은 우리의 소유물을 기억하지 않을 것이다. 우리가 창조해서 세상에 남긴 것만 기억할 것이다.

나는 무언가를 잠깐 소유하고 잊히기보다 좋은 영상과 글을 창조해서 더 오래 기억되고 싶다.

생각하게 만들기

누군가를 '생각하게 만드는 것'은 가치 있는 일이다.

어떤 책과 영화는 우리를 잠시 멈춰 생각하게 만든다. 어떤 이의 삶은 우리를 오래도록 생각하게 만든다.

생각하게 만든다는 건 되돌아보게 하고, 점검하게 하고, 상상하게 하고, 결심하게 해서 우리 삶을 근본적으로 변화시킨다는 뜻이다. 인간이 다른 인간에게 미칠 수 있는 가장 큰 영향력이다.

만약 당신이 누군가를 '생각하게' 만들고 있다면 잘 살고 있는 것이다.

가장 맛있는 음식

세상에서 가장 맛있는 음식은 '맥락'이 담긴 음식이다.

유럽 여행 2주 차에 처음 먹는 컵라면, 여름 유격 훈련 후에 먹는 메로나, 동료들과 치열하게 일한 뒤에 먹는 삼겹살과 소주, 이삿날 바닥에 신문지 깔고 먹는 짜장면, 육아 퇴근 후 아내와 먹는 치맥, 추운 겨울 바다에서 먹는 뜨끈한 어묵, 그리고 첫 월급으로 부모님께 대접하는 고급 스테이크.

중요한 건 음식 그 자체가 아니라 음식에 담긴 '맥락'이다.

엄마의 습관

엄마는 근사한 식사보다 4,000원짜리 칼국수가 낫다고 말한다. 해외여행보다 동네 생태공원이 좋다고 말한다. 묻지도 않았는데 자꾸만 말한다. 잊을 만하면 또 말한다. 아들이 아들을 낳고 돈을 열심히 버는데도 여전히 말한다.

'습관'이다. 뭔가를 하고 싶은 마음이 들 때마다 애써 뿌리를 뽑는 습관. 가만 놔두면 그 열망이 걷잡을 수 없이 커질까 봐 미리 싹을 자르는 것이다.

언젠가 엄마가 억울해하는 모습을 보았다. 당신은 그렇게 아껴서 너희에게 목돈을 쥐여줬는데 왜 그렇게 낭비를 하느냐고. 혼자만 궁색하게 살아온 자신이 불쌍하다며 우셨다.

나는 말했다.

"아무도 엄마에게 그렇게 살라고 강요하지 않았어요. 이제부터라도 하고 싶은 걸 하며 사세요."

그러나 엄마는 그러지 못한다. 열망의 싹을 자르는 그 '습관' 때문이다.

습관은 무섭다. 때론 그 주인의 삶을 완전히 지배한다. 엄마는 하필 세상에서 가장 슬프고 잔인한 습관에 길들어 버렸다. 얼른 그 습관을 극복하길 바라지만, 아마 불가능할 것이다. 차라리 다시 태어나는 게 빠를지도 모른다. 우리가 다시 태어날 수 있다면, 그땐 내가 엄마의 아빠가 되어주고 싶다. 그래서 하고 싶은 건 꼭 해야 직성이 풀리는 습관을 길러주고 싶다. 엄마의 억척스러움 덕에 내가 그런 습관을 갖게 된 것처럼. 엄마도 실은 나 같았을지도 모른다.

<뭉쳐야 찬다> 촬영 가는 날

오늘은 〈뭉쳐야 찬다〉 촬영 날이다. 아침 7시 30분 기상. 아내도 함께 일어나 헤어스타일링과 메이크업을 해준다. 손재주가 좋아 전문가 못지않다. 새벽에 둘째 아들 수유를 해서 피곤할 텐데도 힘든 내색이 전혀 없다. 내 생애 가장 잘한 일은 그녀를 사랑한 일이다.

따뜻한 커피를 마시며 운전한다. 음악을 듣는 대신 챗GPT와 영어 회화 연습을 한다. 오늘 경기에서 더 나은 플레이를 할 수 있는 방법을 논의하고, 삶의 고민을 나누고, 읽을 만한 책 소개를 부탁한다. 그러다 보면 금세 촬영장에 도착한다.

선수 대기실까지 가는 동안 스무 번 정도 인사한다. 경호원분들, 작가님, PD님, 오디오 감독님, 카메라 감독님, 중계 스태프분들, 의무 스태프분들, 심판분들. 모두 프로페셔널하다. 사명감을 가진 직업인은 언제나 멋지고 존경스럽다. 나도 그런 사람이 되고 싶다.

대기실 풍경은 각양각색이다. 수다를 떨거나, 테이핑을 하거나,

작가님에게 오늘 촬영의 흐름을 전달받는다. 이 선수단의 놀라운 점은 비호감인 사람이 단 한 명도 없다는 것이다. 모두가 각자 다른 느낌으로 호감이다. 이런 집단은 경험해 본 적이 없다. 새삼 제작진의 안목이 놀랍다.

오프닝 촬영이 시작된다. 진행자인 김성주 님의 목소리는 '국보'다. 쩌렁쩌렁 울리는데 듣기도 좋다. 그 목소리가 울려 퍼지는 순간 '평범한 운동장'이 '우리나라 최고 예능 프로의 그림 같은 배경'으로 바뀐다.

옆에 계신 김용만 형님의 너스레에 빵 터진다. 분위기를 부드럽고 유쾌하게 만드는 능력이 독보적이다. 눈빛을 보면 무슨 이야기든 들어줄 것 같다.

안정환 감독님은 오프닝 촬영 땐 농담을 툭툭 뱉다가도 축구 이야기가 시작되면 표정이 사뭇 진지해진다. 가벼운 마음으로 장난치기엔 여전히 축구를 너무나도 사랑하기 때문이다.

김남일 코치님은 이미지와 다르게 따뜻하고 편안하다. 주목받지 못하는 선수들을 더 주목하는 배려심을 가졌다. 가끔 속내를 털어놓고 기대고 싶은 사람이다.

조원희 코치님은 언제 어디서든 100퍼센트를 쏟는다. 최선을 다하는 게 습관이 된 사람이다. 배워야 한다. 경기 중엔 해설을 하다가 하프타임 때 잠깐 내려와서 내 플레이에 관해 딱 한 마디 하고 올라간다. 그런데 그 한 마디가 참으로 유용하다. 축구로 이름을 알린 사람들은 뭐가 달라도 다르다.

경기가 시작된다. 내 포지션은 수비형 미드필더다. 머릿속으로 '볼 처리 빠르게, 반대 전환, 수비 빡세게'를 되뇐다. 대학 때부터 외던 주문인데 아직도 어렵다. 실력 부족이다.

이겨야 한다는 압박감이 클수록 몰입된다. 상대 팀이 잘할수록 재미있다. 극적으로 역전할 때의 기분을 표현할 수 있는 형용사는 없다. 나는 축구가 정말 좋다.

집에 돌아와 아내에게 오늘 있었던 일을 이야기한다. 아내는 세상에서 가장 '말할 맛 나게' 들어주는 사람이다. 온종일 혼자 애 보느라 힘들었을 텐데도 눈빛이 반짝인다. 그녀는 내 이야기를 다 듣고 나서 늘 이렇게 말한다.

"아, 빨리 방송 보고 싶어!"

PS 〈뭉쳐야 찬다〉 덕분에 인지도가 올라갔다. 상암 서울월드컵경기장에 갔는데 팬분들이 나와 함께 사진을 찍으려고 줄을 서신 걸 보고 깜짝 놀랐다. 한없이 감사하다. 유명해진다는 건 짜릿한 일이다. 하지만 더 유명해지고 싶지는 않다. 내게 중요한 건 좋아하는 일을 하며 원하는 대로 살 수 있는 자유다.

5장

인간관계

말보다
행동

"그 사람의 말을 믿지 말고 행동을 믿어."
신뢰는 말이 아니라 행동으로 얻는 것이다.

만나고 올 때의 감정

누군가를 또 볼지 말지 고민된다면 '만나러 갈 때의 감정'보다 '만나고 돌아올 때의 감정'을 믿어야 한다.

어떤 사람은 만나러 갈 땐 설레지만 돌아올 땐 왠지 찝찝하다. 은근히 기분 나쁜 말이 머릿속을 맴돌기 때문이다. 또 어떤 사람은 같이 있을 땐 분명 즐거웠는데 돌아올 땐 '지친다'라는 느낌이 든다. 그의 텐션이 나보다 높아서 내 에너지를 억지로 끌어다 썼기 때문이다.

반면 어떤 사람은 만나러 갈 땐 별 기대를 안 했지만 돌아올 땐 '채워졌다'라는 느낌이 든다. 영감과 용기와 의욕이 충전된다.

만나고 돌아오는 길에 느낀 감정이 그 관계의 진짜 답이다. 당신이 그 사람을 다시 만나러 갈 때 느낄 감정이기 때문이다. 그러니 돌아올 때의 감정에 따라 관계를 이어갈지 말지 판단하면 된다.

멀리해야 할 사람

상대의 가치에 따라 태도를 바꾸는 사람은 멀리한다.

내 유튜브 채널이 잘나갈 때 한없이 친절하던 사람이 있었다. 그런데 채널이 삭제될 위기에 처해 도움을 청하니 답장이 안 왔다. 간절히 부탁했지만 철저히 외면당했다. 나중에 채널을 새로 만들어 궤도에 올려놓으니 그가 다시 연락해 왔다. 자기 커리어를 위한 부탁이었다. 인간에 대한 회의감이 들었다.

조기 축구팀의 한 아저씨는 나를 유령 취급하더니 내가 서울대 체육교육과 출신이란 걸 알고는 손수 믹스커피를 타다 줬다. 알고 보니 그는 체대 입시생들에게 축구 실기를 가르치는 분이었다. 그의 갑작스러운 친절이 달갑지 않았다.

상대의 가치에 따라 태도를 달리하는 사람은 어차피 내 가치가 떨어지면 떠나갈 사람이다. 가까이할 이유가 없다.

내 성공에 관심 없는 친구

내 성공에 관심 없는 친구가 가장 소중하다.

나를 잘 모르는 사람 중 일부는 '김진짜'의 최근 위상에 따라 태도를 달리한다. 김진짜가 잘나가면 환영하고 못 나가면 외면한다. 하지만 내 오랜 친구들은 김진짜의 위상에는 관심이 없다. 그저 인간 '김찬희'와 싱거운 시간을 보내고 싶을 뿐이다.

친구라는 존재는 '김진짜'가 세상 모든 사람에게 비난받는 것 같은 기분이 들 때 큰 힘이 된다. 그들은 김진짜가 어떻게 욕을 먹고 있는지조차 모르고 그다지 관심도 없다. 그 무심함이 오히려 위로가 된다. 그들이 '잘나가는 나'보다 나 자체를 소중히 여긴다는 느낌이 들기 때문이다. 만약 김진짜가 '나락'으로 떨어진다면, 결국 그들이 나를 끝까지 받쳐줄 것이다.

내 성공에 관심 없는 친구일수록 소중하다. 소중히 대해야 한다.

인간관계의 미니멀리즘

인간관계의 '미니멀리즘'을 지향한다. 내 한정된 시간과 에너지를 많은 관계에 분산시키지 않고 정말 아끼는 몇몇 사람들에게 집중시킨다. 그러면 각 관계의 질이 높아진다. 더 자주 웃고 더 자주 살아 있음을 느낀다. 너무 많은 관계에 치일 때보다 행복하다.

행복은 '관계의 양'이 아니라 '친밀한 관계의 질'에 달려 있다. 인간관계에 미니멀리즘이 필요한 이유다.

가치관이 다른 사람

가치관이 다른 사람을 만나며 자신의 세계관을 넓히는 일은 중요하다. 나도 영국에 있을 때 다양한 가치관을 접하며 삶의 우선순위와 방향성을 다시 생각하게 됐다. 덕분에 지금 더 만족스러운 삶을 살고 있다.

하지만 친구와 가치관이 달라서 만날 때마다 불편함을 느낀다면 굳이 자주 만날 필요는 없다고 생각한다. 그것은 세계관을 확장하는 일이라기보다는 일상에 불필요한 스트레스를 더하는 일이다. 약간 거리를 두는 것도 현명한 선택이다.

즐겁고 행복한 만남만 가지기에도 인생은 짧다.

시절 인연

모든 관계에는 때가 있다. 멀어지면 보내주고 가까워지면 맞이하면 된다. 그 흐름을 받아들이면 마음이 편하다. 억지로 붙잡거나 밀어내면 괜히 마음고생만 한다.

중요한 건 그 사람과 현재의 관심사를 나눌 수 있느냐다. 아무리 오래된 관계여도 서로가 푹 빠져 있는 것에 공감하지 못하면 멀어질 수밖에 없다. 슬퍼할 일은 아니다. 관심사는 각자의 길을 가며 달라지기 마련이다.

현재 내 삶의 최대 관심사를 나눌 수 있는 사람과 순간순간 행복을 누리면 그것으로 충분하다.

인맥보다 능력

능력이 없으면 인맥도 소용없다.

좋은 인맥이 있어도 내가 그들이 원하는 걸 해줄 능력이 없다면 그들도 내가 원하는 걸 해주지 않는다. 물론 그들이 한두 번 선의를 베풀 수는 있다. 하지만 조금만 더 질척거렸다간 곧바로 연락 두절이다. 그들은 이익을 노리고 접근하는 사람들을 수없이 경험했기 때문에 눈치가 빠르다.

인맥은 '등가 교환'이 가능할 때만 의미가 있다. 내가 가진 것과 그가 가진 것이 비슷할 때 서로 도움을 주고받으며 시너지를 만든다. 준 만큼 돌려받기에 협업이 부담스럽지 않다. 누구 하나 빚진 느낌 없이 모두 상쾌하다.

내 능력이 향상될수록 더 높은 수준의 사람들과 자연스레 연결된다. 내가 줄 수 있는 게 많아지기 때문이다. 능력은 인맥을 부른다. 인맥보다 능력을 먼저 갖춰야 하는 이유다.

친분 과시의 허상

유명인과의 친분을 과시하는 사람들이 있다. 그들과 어울리면 자신의 가치가 그만큼 올라간다고 생각하는 것 같다. 아니다. 가치는 자신이 직접 성취해 낸 것에 의해서만 높아진다. '친분'은 사람들의 이목을 잠깐 끌 수 있지만 딱 거기까지다.

유튜브를 하며 수많은 유명인을 만났다. 더러는 친분도 생겼다. 그러나 그 '친분' 때문에 내 인생이 달라졌다고 느낀 적은 한 번도 없다. 내 삶이 조금이나마 나아진 건 내가 한 땀 한 땀 정성스레 만들었던 유튜브 콘텐츠를 시청자분들이 좋게 봐주신 덕이다.

친분을 과시할 시간에 가치 있는 무언가를 만드는 데 집중하는 게 낫다. 그러면 언젠가 지인들이 나와의 친분을 자랑하고 다닐 수도 있다.

정답보다 질문이 많은 대화

'정답'보다 '질문'이 많은 사람과의 대화를 좋아한다.

'정답'이 많은 사람은 언제나 가르치려 든다. '그건 이렇게 하면 돼', '그건 그렇게 하면 안 돼'. 자신의 답이 절대적이라고 믿는다. 반박해도 받아들이지 않는다. 괜히 말만 길어지고 갈등만 생길 뿐이다. 차라리 입을 다물게 된다. 닫힌 대화다. 죽은 대화다. 즐거울 리 없다.

반면 '질문'이 많은 사람은 언제나 듣고 싶어 한다. 다 듣고는 '그럴 수도 있겠구나'라며 고개를 끄덕인다. 자신의 생각이 절대적이지 않음을 인정하고 다른 생각을 받아들인다. 그런 사람과는 의견을 주고받으며 함께 생각을 키워나갈 수 있다. 열린 대화다. 살아 있는 대화다. 시간 가는 줄 모를 정도로 즐겁다. 나는 그런 대화 속에서 오히려 '정답'을 얻는다.

대화라는 파도를 타려면
눈치라는 서핑보드가 필요하다

대화는 '파도'와 같다. 시시각각 흐름이 바뀌기 때문이다. 그 파도를 부드럽게 즐기려면 '눈치'라는 서핑보드가 필요하다. 눈치란 이런 것이다. 상황에 맞는 말을 꺼내기, 상대가 지루해하면 빨리 결론으로 넘어가기, 내가 말을 너무 많이 했다면 상대가 좋아하는 주제에 관해 묻기, A가 B는 모르는 이야기를 하면 B에게 넌지시 보충 설명해 주기.

'눈치'라는 '서핑보드'가 없으면 '대화'라는 '파도'에 자꾸 역방향으로 부딪히게 된다. 사방으로 물이 튄다. 주변 사람들이 얼굴을 찌푸릴 수밖에 없다. 파도를 즐기려면 서핑보드를 챙겨야 하듯, 대화를 즐기려면 눈치를 챙겨야 한다.

이방인에서 주인공으로

영국에서 축구 지도자 교육을 받을 때의 일이다. 40명쯤 되는 수강생 가운데 동양인은 나 혼자였다. 강사인 버치Butch가 쉬는 시간에 갑자기 나에게 다가오더니 이렇게 말했다.

"이봐 킴Kim, 다음 수업 때 내가 질문을 할 테니 한국어로 대답해 줄 수 있을까?"

왜 그런 요청을 하는지는 알 수 없었지만 일단 알겠다고 했다. 다음 시간에 그는 약속대로 질문을 했고 나는 신나게 한국말을 떠들어 댔다. 다른 영국인 수강생들이 나를 뚫어지게 쳐다봤다. '쟤 갑자기 왜 저러는 거야? 뭐 잘못 먹었나?' 하는 표정이었다. 내 대답이 끝나자 버치는 모두에게 질문을 던졌다.

"다들 어떤 느낌이 들었나요?"

수강생들이 한마디씩 했다.

"낯설어요."

"알아들을 수 없어요."

"혼란스러워요."

그러자 버치가 소리 높여 말했다.

"지금 킴이 겪고 있는 상황이 바로 그겁니다. 킴은 축구 공부를 하러 머나먼 한국에서 왔고, 이 교실에서 유일하게 영어가 모국어가 아닌 사람입니다. 사실 그는 우리가 전혀 알아들을 수 없는 한국어를 유창하게 구사하는, 그러니까 우리 중 유일하게 2개 국어를 구사하는 사람이죠. 우리는 '코치'로서 다른 배경을 가진 소수의 사람을 존중해야 하며, 그가 이 그룹에 자연스럽게 적응할 수 있도록 도와주어야 합니다."

그의 말이 끝나자 교실에 따스한 기운이 감돌았다. 내 어깨도 으쓱했다. 버치는 나에게 아까 한국어로 했던 대답을 다시 영어로 해줄 수 있겠냐고 물었다. 나는 편안하고 자신감 있게 영어를 뱉었다. 그때만큼 영어가 술술 나온 적이 없다. 버치 덕분에 '이방인'에서 '주인공'이 된 것 같은 기분이었다.

그 일을 계기로 나는 영국 생활에 더 자신감을 갖게 됐다. 9부 리그 팀 코치를 할 때도 팀 내에서 유일한 아시아인이었지만 속으로 '나는 여기서 유일하게 2개 국어를 구사하는 사람이야'라고 되뇌며 자신감을 북돋았다. 덕분에 내 존재감을 드러내며 양질의 경험을 할 수 있었다. 그리고 그 경험은 축구 유튜버 '김진짜'의 소중한 자양분이 되었다. 버치의 배려가 내 자존감은 물론 삶 전반에 영향을 끼친 것이다.

그의 영향력은 거기서 끝나지 않았다. 나 역시 한국으로 돌아온 뒤, 집단에서 소외된 '이방인'을 볼 때마다 그가 '주인공'이 될 수 있도록 노력했다. 버치에게 받은 선물을 그들에게 다시 나눠준 셈이었다. 버치의 작은 배려가 얼마나 많은 사람들에게 가닿았는지 생각하면 놀라울 따름이다. 작은 배려는 결코 작지 않다. 한 사람의 삶을 넘어, 세상까지 바꿀 수 있다.

주는 것만 남는다

내 몫 조금 더 챙긴다고 삶이 드라마틱하게 나아지진 않는다. 하지만 남에게 베풀면 그 사람의 마음과 내 마음이 연결된다. '연결된 마음'은 생명력이 길다. 시간이 지나도 잊히지 않는다.

삶의 끄트머리에 갔을 때 남는 건 결국 '연결된 마음'들이다. 돈이나 물건이 남지 않는다. 마음들만 남는다. 그러므로 주는 게 남는 거다.

축하와 위로

'축하'는 늦어도 되지만, '위로'는 늦으면 안 된다.

성격이 미래다

사주를 믿지 않는다. MBTI도 참고만 한다. 그러나 '성격'은 믿는다. 성격을 보면 그 사람의 미래를 볼 수 있다.

대학 동기 A는 신입생 때부터 성실했다. 대학생답지 않게 과제를 '미리' 했다. 하지만 한국 특유의 조직 문화는 불편해했다. 결국 석사 졸업 후 미국으로 유학을 떠났고 지금은 미국 대학의 교수로 일한다. 거기서 자녀를 낳고 정착할 계획이라고 한다. 그는 여전히 성실하고 한국 문화를 불편해한다. 예전 그대로다.

대학 동기 B는 스무 살 때부터 우유부단했다. 약속 두 개 중 하나를 확실히 고르지 못하고 시간을 살짝 겹치게 잡아 모두에게 민폐를 끼치곤 했다. 16년이 지난 지금도 여전하다. 여자 친구와 잘 지내냐고 물으면, 사귀는 것도 아니고 헤어진 것도 아니란다.

내가 오랫동안 알아온 대부분의 사람은 예전 그대로다. 갑자기 성격이 180도 바뀌어 의외의 모습으로 사는 사람은 거의 없다. 우리는 앞으로도 이 성격대로 살 것이다. 나도 마찬가지다.

'성격'이 '미래'다. 누군가의 미래를 예측하려면 성격을 보는 것이 가장 확실하다.

태도가 중요한 이유

태도가 호감도를 결정한다. 외모와 능력도 영향을 미치지만 태도가 훨씬 더 큰 힘을 발휘한다. 자신을 낮추는가 높이는가, 배우려 하는가 가르치려 드는가, 잘못을 인정하는가 변명하는가. 이런 태도의 차이가 호감이냐 비호감이냐를 가른다.

연예인이나 인플루언서를 생각하면 이해가 쉽다. 대중은 그들의 외모나 능력보다 태도에 더 민감하게 반응한다. 같은 잘못을 해도 어떤 이는 쉽게 용서받고 어떤 이는 오랫동안 비난받는다. 평소 태도가 만든 이미지 때문이거나 잘못에 대응하는 태도가 달랐기 때문이다. 결국 모든 차이는 태도에서 비롯된다.

외모와 능력을 가꾸는 데는 선천적인 한계가 있다. 하지만 태도는 노력할수록 조금씩 더 나아진다. 내가 매일 내 태도를 점검하는 이유다.

자격지심을 없애는 방법

자격지심은 반드시 버려야 한다. 놔두면 점점 심해지기 때문이다.

자격지심이 있는 사람은 '사람들이 자신을 부정적으로 본다는 증거'를 찾으려 애쓴다. 자연스레 눈빛이 날카로워지고 표정은 굳는다. 그 표정을 본 다른 사람들은 그를 경계하고 불편해한다. 이를 본 당사자는 '역시 사람들은 날 싫어해'라며 자격지심을 더 키운다. 악순환이다.

자격지심을 없애는 방법은 '내가 먼저 웃는 것'이다. 웃고 있으면 다른 사람이 편하게 다가온다. 나를 따라 웃는다. 그 반응을 보며 '사람들은 나를 좋아하는구나'라고 느끼게 되고, 자격지심은 점차 사라진다.

인복은 주어지는 것이 아니다. 스스로 만드는 것이다.

첫 모임은 필참

집단에서 나를 제외한 모두가 먼저 친해지면 나중에 그 관계 속으로 녹아들기가 어렵다. 학창 시절에 전학을 경험한 사람이라면 무슨 말인지 알 것이다. 그러니 학교나 직장의 첫 모임(회식)에는 반드시 참석하는 게 좋다. 관계 형성의 속도를 다른 사람들과 맞추면 불필요한 에너지를 소모하지 않아도 된다.

조직의 문제

조직이 발전하지 못하는 가장 큰 이유는 구성원들이 서로를 미워하는 데 너무 많은 시간을 쓰기 때문이다.

음료수 한 병의 위력

대학 시절 학과 전체 MT를 갔을 때의 일이다. 다른 운동부 선배 한 명과 나 그리고 내 축구부 후배 대여섯 명이 함께 자리했다. 술이 들어가자 선배는 갑자기 나를 치켜세웠다. 후배들에게 '학교생활을 애처럼만 하면 된다'라고 힘주어 말했다. 이유는 고작 음료수 한 병 때문이었다.

그해 선배는 조교실에서 '수강 신청' 업무를 맡고 있었다. 온라인 수강 신청에 실패한 학생들이 교수 서명이 적힌 서류를 제출하면 선배가 행정 시스템에 일일이 입력해야 하는 업무였다. 귀찮고 번거로운 일이었다.

어느 날 나도 서류를 들고 조교실을 찾았다. 선배는 자리를 비운 상태였고, 책상 위에는 수강 신청서가 수북이 쌓여 있었다. 이미 바쁜 선배에게 내 일까지 보태는 것 같아 미안했다. 게다가 아무 말도 없이 서류만 두고 가는 건 후배로서 예의가 아니라고 생각했다. 나는 자판기에서 음료수 한 병을 뽑고 거기에 메모를 붙였다.

'형님, 자리에 안 계시는데 서류만 놓고 가는 건 아닌 것 같아서 약소하게나마 음료수 한 병 준비했습니다. 고생 많으십니다. 항상 감사드립니다!'

나는 서류와 음료수를 놓고 조교실을 빠져나왔고, 그 일은 까맣게 잊고 지냈다. 그런데 몇 년 후 선배가 내 후배들에게 그 이야기를 들려주며 나를 칭찬한 것이다.

나는 그 일로 작은 음료수 한 병이 누군가의 마음에 얼마나 큰 흔적을 남길 수 있는지 배웠다. 사소한 배려는 결코 사소하지 않다.

할 말은 하고 살기

할 말은 하고 살아야 한다. 그래야 마음에 응어리가 남지 않는다.

아내는 할 말을 못 하는 성격이었다. 항상 '그때 그 말을 했어야 했는데'라며 후회했다. 뒤늦게 머릿속에서 가상의 말싸움을 벌이며 받아칠 대사를 궁리하곤 했지만 때는 이미 늦었고 억울함만 커질 뿐이었다.

반면 나는 상대의 기분을 나쁘게 하지 않으면서도 적재적소에 할 말을 잘 꽂아 넣는 편이다. 그래서 아내에게 '할 말은 하고 살아야 한다'라며 꾸준히 용기를 주고 내 노하우를 전수했다. 핵심은 침착함을 유지하는 것이다. 내 마음이 평온해야 하고 싶은 말을 더 명확하고 조리 있게 전달할 수 있다.

만약 감정이 격해져서 말이 헛나갈 것 같으면 입을 다물어야 한다. 시간을 두고 생각을 정리해서 문자 메시지를 보내는 편이 훨씬 낫다. '할 말을 하자'라는 것이지 '후회할 말을 하자'라는 것이 아니다. 입을 열 때와 닫을 때를 구분하는 것도 능력이다.

　아내는 내 조언을 받아들였고 수많은 실전 연습을 거쳤다. 이제는 열 번 중 한 번은 할 말을 제대로 꺼낸다. 덕분에 예전만큼 끙끙 앓지 않는다. 무엇보다 자기 스스로를 더 마음에 들어 한다. 할 말을 하고 살아야 하는 이유다. 누구나 연습하면 가능하다.

말의 온도

아내가 손수건으로 목을 둘렀다. 처음 보는 모습이라 이유를 물었다. 아내는 산후 도우미님이 산모 회복에 좋다고 해서 그렇게 했다고 전했다. 그러면서 말했다.

"만약 누군가가 '무조건 손수건을 둘러야 한다'라고 강요했다면 난 절대 안 했을 거야. 그런데 도우미님께서 몇 번이나 말할까 말까 망설이시다가 조심스럽고 예쁘게 말씀하시니까 어느새 내가 손수건을 두르고 있더라고."

우리는 말의 온도를 느낀다. 같은 말이라도 냉기가 느껴지면 밀어내고 온기가 느껴지면 받아들인다. 그러니 우리도 말에 온기를 담아야 한다. 세상을 조금씩 그러나 확실히 낫게 만드는 방법이다. 돈도 들지 않는다.

침묵의 배려

때로는 '침묵'이 최고의 배려다.

스물아홉 살에 결혼하고 자리 잡기까지 5년이 걸렸다. 축구 코칭, 석사 유학, 사업, 유튜브를 거치는 동안 장인어른과 장모님은 단 한 번도 '요즘 일은 어떻게 돼가느냐'라고 묻지 않으셨다. 무관심이 아니었다. 내가 부담을 느낄까 염려한 배려였다. 나중에 일이 잘 풀리고 두 분이 기뻐하시는 모습을 보니 그 침묵이 깊은 배려였음을 확실히 깨달았다. 덕분에 나는 더 평온한 마음으로 내 할 일에 집중할 수 있었다. 진심으로 감사했다.

지인이 결혼식 직전에 파혼했다. 상대와 가치관이 맞지 않는다는 걸 뒤늦게 깨달았기 때문이다. 그는 부모님께 이 사실을 말씀드리기가 두려웠다. 이미 청첩장을 돌린 상태였기 때문이다. 어렵게 말을 꺼낸 그에게 부모님은 한마디만 하셨다.

"네가 잘 판단했겠지. 우리는 신경 쓰지 말고 네 마음부터 잘 추스르거라."

그리고 더는 묻지 않으셨다. 그는 자신의 부모님이 그렇게 멋진 분들인지 몰랐다며 돌아오는 길에 운전대를 잡고 펑펑 울었다고 했다. 그 이야기를 듣고 나도 따라 울었다.

때로는 '침묵'이 가장 깊은 배려다.

조언과 잔소리의 차이

누가 물어봐서 대답하는 거면 조언이고, 묻지도 않았는데 떠드는 거면 잔소리다.

PS   잔소리도 때론 언어폭력이 된다. 적당히 해야 한다.

말보다 행동

아이는 말보다 행동을 믿는다. "한 번만 더 빠방이 던지면 빠방이 갖다 버릴 거야"라고 아무리 말해도 실제로 버리지 않으면 그 말을 믿지 않는다. 행동으로 보여줘야 다음번에 비로소 말을 믿는다.

그런데 우리는 나이를 먹으며 행동보다 말을 더 믿게 된다. 화려한 언변과 고급스러워 보이는 전문용어에 쉽게 현혹된다. 하지만 중요한 건 여전히 행동이다.

나에게 연애 상담을 자주 받는 지인이 있다. 그녀는 "그 사람이 나한테 호감이 있는 건지 없는 건지 모르겠어"라고 묻는다. 나는 이렇게 답한다.

"그 사람의 말을 믿지 말고 행동을 믿어."

신뢰는 말이 아니라 행동으로 얻는 것이다.

사람은 따뜻한 말을 남기고 간다

희호 형(김희호, 전 축구 코치)은 내가 닮고 싶은 사람이었다. 그는 인천대 시절 큰 부상을 당해 선수 생활을 끝내고 영국으로 지도자 공부를 하러 갔다. 그곳에서 '한국인 최초 유럽축구연맹 A급 지도자 라이선스 취득'이라는 결실을 거뒀다. 맨체스터 유나이티드 Manchester United에서 뛰던 라이언 긱스 Ryan Giggs, 올레 군나르 솔샤르 Ole Gunnar Solskjær와 지도자 과정을 함께 이수한 이력도 화제를 모았다.

그가 서울대 축구부 코치로 부임한 건 내가 2학년 때였다. 그는 특유의 카리스마로 우리를 압도했고, 수준 높은 코칭을 선보였다. 덕분에 나는 축구를 완전히 다른 시각으로 바라보게 됐다. 당시 그를 만나지 못했더라면 훗날 축구 유튜버 '김진짜'는 없었을 것이다.

희호 형은 내가 본 사람 중 가장 성실했다. 훈련 시간보다 40분 먼저 도착해서 장비를 세팅했고, 운전 중엔 영어 방송을 들으며 꾸준히 공부했다. 그를 아는 모두가 그의 태도를 극찬했다. 결국 그는 윤정환 감독의 부름을 받아 일본 J리그 사간 도스의 코치로 합류했다.

그가 일본으로 간 뒤에도 나는 이메일을 보내 '지도자가 되는 방법'을 집요하게 물었다. 그는 언제나 성심껏 답해주었다. 그러던 어느 날, 그가 유럽 챔피언스 리그 경기를 분석해 보내보라고 했다. 나는 바이에른 뮌헨Bayern München과 아틀레티코 마드리드 Atlético Madrid의 경기를 분석해 보냈고 며칠 뒤 그에게서 이메일 답장이 아닌 전화가 왔다. 그는 대뜸 이렇게 말했다.

"찬희야, 너 재능 있어. 넌 무조건 유럽에 가야 해. 한국 축구를 위해 큰일을 할 수 있을 거야. 농담 아니야. 절대 포기하지 마."

그 순간의 벅찬 감정을 잊을 수 없다. 당시 여자 친구였던 아내도 함께 기뻐했다. 그의 확신 덕분에 나는 자신감을 갖고 영국으로 떠날 수 있었다.

그는 일본에서 윤정환 감독과 함께 돌풍을 일으켰고 이후 서울이랜드FC, 부산아이파크, 성남FC에서 코치로 활동했다. 그동안 나는 여러 일을 겪은 끝에 축구 유튜버가 됐다. 그는 지도자의 길을 포기한 나의 선택을 아쉬워하면서도 내 콘텐츠를 '천재적'이라며 치켜세웠다. 그는 언제나 '희망'과 '자신감'을 주는 사람이었다.

그러던 어느 날, 희호 형이 스스로 생을 마감했다는 소식을 들었다. 우울증이라고 했다. 장례식장에 걸린 그의 사진을 보면서도 믿을 수 없었다. 내가 아는 사람 중 우울증과 가장 거리가 먼 사람이 그였기 때문이다.

한동안 마음이 무거웠다. 그가 힘들 때 내가 전화를 걸었다면, 그래서 그의 이야기를 들어줬다면 상황이 달라지지 않았을까. 그가 내게 늘 그랬듯 나도 그에게 한 번쯤 희망과 자신감을 줄 수 있지 않았을까. 때늦은 후회가 나를 괴롭혔다.

희호 형이 떠난 지 4년이나 지났는데도 여전히 그가 불쑥 떠오른다. 그때마다 보고 싶고, 안고 싶다. 아마 그가 남긴 '따뜻한 말' 때문일 것이다.

놀랍게도 희호 형을 그리워하는 사람이 나 말고도 많았다. 모두 그가 남긴 '따뜻한 말'을 마음에 품고 조용히 그리워하고 있었다. 그들의 아련한 눈빛을 보며 확신했다. 사람은 '따뜻한 말'을 남기고 간다. 그리고 그것은 누군가의 가슴속에 영원히 남는다.

6장

사랑

사랑은 두려움을
이기게 한다

혼자가 아니라는 느낌.
그것만으로도 모든 종류의 시련을 이겨낼 수 있다.

결혼 상대를 잘 고르는 방법

예전에는 '조건'을 따져가며 결혼 상대를 찾는 사람들이 신기했다. 하지만 서른여섯 살이 된 지금의 나는 그 신중함을 충분히 이해한다. 결혼은 사랑만으로 채울 수 없는 잔인한 '현실'이고, 배우자 선택이란 한 사람의 인생을 송두리째 흔들 수도 있는, 그 무엇보다 중대한 결정임을 이제 잘 알고 있기 때문이다.

그런 면에서 나는 참 운이 좋았다. 그저 좋아하는 마음 하나만으로 무턱대고 결혼했는데 여전히 잘 살고 있기 때문이다. 만난 지 11년째인 우리는 여전히 조금이라도 더 같이 있고 싶어 하고, 서로의 흔들리는 마음을 가지런히 정리해 주고, 각자의 부끄러움을 모두 털어놓으며 고통에서 벗어난다.

아내는 내가 '김진짜'가 된 것을 누구보다 자랑스러워하지만, 여전히 '김진짜의 성공'보다 '김찬희의 행복'을 더 위한다. 스물다섯 살 때의 그 마음이 그대로 있는 것이다.

어쩌면 인생에서 가장 중요한 선택 앞에서는 이것저것 따지고 비교하기보다 그저 마음의 소리를 따라가는 게 맞는지도 모르겠다. 누구를 배우자로 맞이할 것인가, 어떤 일을 직업으로 삼을 것인가 하는 문제들 앞에서 난 언제나 그렇게 해왔고 그래서인지 단 한 톨의 후회도 느껴본 적이 없다.

'조건'도 물론 중요하지만 그것은 껍데기에 불과해서 언제든 변할 수 있다. 그러나 저 깊숙한 곳에 있는 마음은 쉽게 변하지 않는다. 오래된 마음이라면 더 그렇다.

남들한테 행복해 '보이고' 싶은 게 아니라 정말로 행복하고 싶다면, 그의 껍데기가 다 벗겨져 초라하고 볼품없을 때도 변함없이 사랑할 수 있는지 스스로에게 물어야 할 것이다.

그리고 그 답을 따라 선택하면 된다. 그것이 내가 생각하는 '결혼 상대를 잘 고르는 방법'이다.

사랑에도 연습이 필요하다

서른이 넘어서도 사랑을 대하는 태도가 중학생 같은 사람이 있다. 살아온 이야기를 들어보면 학창 시절 남들이 겪는 찌질한 경험을 건너뛴 경우가 많다.

'생물학적 나이'와 '정서적 나이'는 엄연히 다르다. 첫사랑의 감정이 몽글몽글 피어오를 때 용기 내어 고백해 보고, 시원하게 차여보고, 찌질하게 훌쩍여 봐야 정서적으로 성숙한다. 그런 경험이 없으면 아무리 나이를 먹어도 정서적 나이는 그대로다.

남들이 다 찌질할 때 같이 찌질한 게 낫다. 그래야 정서적으로 제때 성숙해서 20대엔 20대다운 연애를, 30대엔 30대다운 연애를 할 수 있다. 상대는 30대의 연애를 원하는데 혼자만 10대의 연애를 하고 있으면 곤란하다.

이미 늦었다면, 지금이라도 찌질한 경험을 해보는 게 좋다. 사랑에도 연습이 필요하다.

많이 만나봐야 하는 이유

완벽한 짝을 만나려면 많이 만나봐야 한다. 다양한 사람에 대한 다양한 감정을 경험하며 자신이 어떤 사람을 선호하는지 알게 되기 때문이다. 그걸 알고 있어야 운명의 상대가 나타났을 때 제대로 알아볼 수 있다.

사람을 잘 본다는 건 결국 자기 자신을 잘 안다는 뜻이다.

결혼

2018년 9월, 결혼식 이틀 전에 쓴 글이다. 내 아내가 될 사람이 어떤 사람인지에 대해 썼다. 당시에 글을 다 쓰고 나서 아내에게 보여 줬더니 마지막 부분을 읽다가 갑자기 평평 울었다. 왜 우느냐 물으니 그녀는 '모르겠다'라고 답했다.

***

초등학교 5학년 때였다. 학교 수업을 마치고 친구들과 놀이터에서 놀고 있는데 갑자기 친구들이 우르르 사라졌다. 다들 유정이라는 여자애의 생일 파티에 간다는 거다. 전말을 알고 보니 나와 함께 몰려다니며 공 차던 유정이네 반 남자애들은 다 생일 파티 초대장을 받았는데 홀로 다른 반이었던 나는 그러지 못했던 것이다.

졸지에 혼자 남겨진 나는 민망함에 어쩔 줄을 몰랐다. 그런데 저

멀리서 유정이라는 그 여자애가 뻘쭘해하는 나를 잠시 지켜보더니 너도 오라며 손짓을 하는 게 아닌가. 나는 속으로 '어? 쟤 나 아냐?' 하며 괜찮다고 손짓했다. 그러곤 민망함을 떨쳐버리려 어디론가 뛰어갔던 것 같다. 그날 내가 어디로 도망쳤는지는 전혀 기억이 나질 않지만 홀로 남겨진 나를 배려하던 유정이의 그 손짓은 여전히 기억 속에 선명하다.

시간이 흘러 나는 스물다섯 살이 되었고 그때 그 유정이는 나의 여자 친구가 되었다. 하루는 유정이의 동창 모임에 동석하게 되었는데 유정이 친구들이 누군가에 관한 가십거리를 이야기하고 있었다. 그런데 다들 그 자리의 유일한 남자였던 내 눈치를 보며 말끝을 흐렸다. 아무래도 남자가 듣기에는 다소 민감한 사안이었던 것 같다. 나는 그 가십거리의 주인공이 누구인지 너무나 궁금해서 모임이 끝나자마자 유정이에게 물었다.

"아까 그거 누구 얘기야?"

하지만 유정이는 절대 입을 열지 않았다. "아무한테도 말 안 할게" 라든가 "남친한테도 말 못 해줘?" 같은 건 소용이 없었다. 나는 그 일을 계기로 '비밀을 말해주는 즐거움'보다 '비밀을 지켜주는 무거움'이 훨씬 가치 있다는 걸 깨달았다. 유정이 덕분에 비로소 '말하지 않음으로써' 타인을 위할 수 있게 된 것이다.

시간이 흐르고 흘러 나는 유정이를 더 사랑하게 되었고 유정이네 집에 편하게 놀러 가는 사이가 되었다. 하루는 유정이의 어릴 적 앨

범을 뒤져보는데 신기한 사진을 발견했다. 다섯 살 꼬마 유정이가 의자에 올라가 설거지(!)를 하고 있는 사진이었다. 장모님께서 두 언니를 혼내며 속상해하자 막내 유정이가 밀린 설거지를 하려고 팔을 걷어붙인 것이었다. 왜인지는 모르겠지만 나는 그 사진을 보고 '이 여자를 무조건 잡아야겠다'라고 생각했다.

그리고 이틀 후, 나는 유정이와 결혼식을 올린다.

유정이와 함께라면 삶에서 일어나는 모든 일을 환영할 수 있을 것 같다. 좋아하는 여자를 위해 기적을 일으키고 싶은 게 남자의 마음이지만 하루하루를 행복하게 만들어 주는 것도 그에 못지않게 중요할 것이다.

훗날 태어날 우리 아이가 부디 홀로 남겨진 친구를 배려하고, 비밀을 끝까지 지켜주고, 설거지를 거드는 아이가 되면 좋겠다는 흐뭇한 생각을 하곤 한다. 이보다 행복할 수는 없을 것이다.

사랑의 시작은 무겁게

아내와 지금까지 함께할 수 있었던 이유 중 하나는 '술김에' 사랑을 시작하지 않았기 때문이다. 스물다섯 살 때 나는 당시 '썸녀'였던 그녀에게 취중 고백을 했다. 하지만 그녀는 단호히 말했다.

"술김에 이런 이야기 하는 건 싫어. 다음번에 정신 멀쩡할 때 다시 만나."

내가 그녀의 '첫사랑'이었음에도 그녀는 흔들리지 않았다. 그런 신중한 태도가 오히려 좋았다.

3일 후 우리는 다시 만났다. 나는 맨정신으로 말했다.

"예전부터 너를 좋은 사람이라고 생각했는데, 이제는 너를 좋아하는 것 같아."

그날 이후로 우리는 11년간 함께해 왔다. 지금은 아들이 둘이다.

만약 우리가 '술김에' 사귀었다면 지금처럼 인생의 동반자가 될 수 있었을까? 가능했을지도 모른다. 하지만 나는 3일 동안 생각을 정리하고 '맨정신'으로 진심을 전했던 것이 지금의 우리를 만드는데 큰 역할을 했다고 믿는다. 술은 속마음을 꺼낼 용기를 주지만 말의 무게를 가볍게 만들기도 한다. 반면 맨정신에 뱉는 말은 무겁다. 결정에 책임을 더한다. 사랑의 시작은 가벼운 것보다 무거운 것이 낫다.

나의 확장

아내는 나에게 기쁜 일이 생기면 나보다 더 기뻐한다. 나쁜 일이 생기면 나보다 더 슬퍼한다. 누군가가 나를 싫어하면 그를 맹목적으로 싫어한다. 그녀는 또 다른 나다. '확장'된 나다.

나와 완전히 똑같은 감정을 느끼는 누군가가 있다는 건 때때로 엄청난 위안이 된다. 혼자가 아니라는 느낌. 그것만으로도 모든 종류의 시련을 이겨낼 수 있다.

서로의 결핍 채워주기

아내와 나는 서로의 결핍을 채워준다.

아내는 인간관계에 예민하고 남의 말에 쉽게 상처받는다. 나는 그런 면에서 의연하다. 아내가 속상해할 때마다 주의 깊게 듣고 상처를 보듬어 준다.

나는 걱정이 너무 많고 타인의 인정을 갈구해서 늘 흔들린다. 아내는 그런 면에서 굳건하다. 내 말을 차분히 듣고 내가 통제할 수 있는 것과 통제할 수 없는 것을 구분해 준다. 올바른 방향으로 나아가도록 용기를 북돋아 준다.

우리는 대화를 통해 서로의 결핍을 채워준다. 마음을 다독이고 회복시킨다. 일종의 '명상'이다. 우리가 서로를 그토록 필요로 하고 사랑하는 이유다.

사이좋은 부부의 비밀

아내와 나는 성격도 다르고 취향도 딴판이다. 하지만 사이가 좋다. '가치관'이 비슷하기 때문이다. 우리는 삶의 중요한 질문들에 같은 답을 내놓는다. 행복이란 무엇인가, 어디서 어떻게 살 것인가, 자녀 교육은 어떻게 할 것인가에 관한 생각이 같다. 종교관이나 정치 성향도 비슷하다. 삶 전체에 영향을 미치는 '가치 기준'이 일치하는 것이다.

반면 성격과 취향이 비슷해도 가치관이 다르면 간극을 좁히기 어렵다. 예를 들어 나는 '물건'을 원하는데 상대방은 '경험'을 원한다면 매번 부딪칠 수 있다. 또 나는 한국에서 아이를 키우고 싶은데 상대는 외국에서 아이 없이 살고 싶어 한다면 의견 차이를 좁히기 어렵다. 처음엔 서로 이해하려고 노력하겠지만 결국 진심으로 공감하기는 쉽지 않을 것이다. 가치관은 오랜 시간 동안 형성되는 만큼 쉽게 변하지 않기 때문이다. 더군다나 타인의 가치관을 강제로 변화시키는 것은 불가능에 가깝다.

가치관이 비슷해야 사이좋은 부부가 될 수 있다. 결혼 전에 상대와 나의 가치관이 얼마나 비슷한지 따져보는 과정은 꼭 필요하다.

싫어하는 게 비슷한 사람

결혼은 좋아하는 게 비슷한 사람보다 '싫어하는 게 비슷한 사람'과 하는 게 더 낫다고 생각한다.

싫어하는 것은 좋아하는 것보다 그 사람의 가치관을 더 명확히 드러낸다. 싫어하는 게 같을 때 쉽게 가까워지는 이유다. 회사 동기들이 상사 뒷담화를 하며 급격히 친해지는 걸 떠올리면 이해가 쉽다. 선사 시대 때도 뒷담화를 통해 서로 신뢰를 쌓았다고 하니 싫어하는 게 비슷한 사람에게 끌리는 건 인간의 본능인 셈이다.

우리 부부도 싫어하는 게 비슷하다. 싫어하는 말, 태도, 사람 유형이 흡사하다. 싫은 것에 대해 털어놓고 공감할 때 우리는 완전히 같은 편임을 확인한다. 서로를 가로막는 얇은 장벽조차 없음을 확신한다. 우리가 11년째 잘 지내는 비결 중 하나다.

반면 서로 싫어하는 게 다르면 거리감이 생길 수 있다. 상대를 '도저히 이해할 수 없는 사람'으로 여기게 될 수도 있다. 그런 사람과 친

구로는 지낼 수 있지만 결혼은 다르다. 결혼만큼은 '완전히 같은 편'
일 수 있는 사람과 하는 게 좋다고 생각한다.

아내를 사랑하는 이유

내가 아내를 사랑하는 이유는, 그녀가 친구에게 좋은 일이 생겼을 때 질투하기보다 진심으로 기뻐하는 사람이기 때문이다.

나를 성장시켜 주는 사람

아내와 〈뭉쳐야 찬다〉 본방을 볼 때였다. 내가 프리킥Free Kick을 어이없게 처리한 장면이 나오려 하자 나는 얼른 도망치며 말했다.

"여보, 나 저 장면 보기 싫어. 끝나면 불러줘."

그러자 아내가 단호하게 말했다.

"아니야. 도망치지 마. 두 눈으로 똑똑히 봐. 받아들이고 고쳐. 그래야 발전하지."

나는 용기를 내서 아내의 말을 따랐다. 덕분에 다음엔 프리킥을 어떻게 차야 할지 확실히 깨달았다.

아내는 늘 나를 성장하게 만든다.

장례식

이찬혁의 〈장례희망〉이란 노래를 듣다가 내 장례식을 떠올렸다. 조문객들을 위해 몇 마디 남기는 것도 좋겠다고 생각했다. 남의 장례식에 가서 아무 말 없는 영정 사진을 볼 때마다 왠지 쓸쓸하고 헛헛했기 때문이다. 나는 아내에게 말했다.

"글을 미리 써놓고 현수막에 프린트해서 육개장 먹는 식당 쪽에 붙이는 건 어떨까?"

아내가 피식 웃으며 답했다.

"여보는 죽어서도 말을 하고 싶어 하네?"

우리는 함께 쓰러져 웃었다. 말이 많은 나로서는 그녀의 말을 인정하지 않을 수 없었다. 다시 생각해 보니 죽은 자는 말이 없는 게 더 어울리는 것 같다.

아내는 내가 죽은 후에도 욕먹지 않도록 보살펴 준다.

부부싸움

부부싸움은 대부분 '상대를 바꾸려는 마음'에서 비롯된다. 하지만 사람은 쉽게 바뀌지 않는다. 재미있는 건 상대를 바꾸려는 사람 역시 바뀌지 않는다는 것이다. 갈등이 끝없이 반복되는 이유다.

결국 누군가 먼저 바뀌어야 끝난다. 그러나 일방적인 희생은 근본적인 해결책이 아니다. 희생한 쪽이 언젠가 폭발하기 때문이다. 서로 변하려고 노력해야 관계가 한 단계 더 성숙해진다. 이때 "네가 먼저 변해"는 싸움을 만들고 "내가 먼저 변할게"는 사랑을 만든다.

나를 위해서 아이를 낳았다

　사람들이 아이를 낳지 않는다. 이유는 다양하다. 경제적 여유가 없어서, 책임질 자신이 없어서, 아이를 행복하게 해주지 못할 것 같아서. 내가 개인적으로 가장 많이 들었던 이유는 '아이를 위해 희생하기보다 내 인생을 더 즐기고 싶어서'였다. 공감한다. 하지만 나는 내 인생을 더 즐기고 싶어서 아이를 낳기로 결심했다.

　신혼 4년 차, 행복했지만 따분했다. 여행, 맛집, 모임, 모두 경험해봐서 새로울 게 없었다. 무슨 느낌일지 훤히 아니까 출발 직전에도 설레지 않았다. 처음 느끼는 감정이 필요했다. 오랫동안 상상만 해왔던 '아이'를 가질 때라고 생각했다. 나와 아내를 반반 닮은 아이를 보면 다른 누구보다 '내가' 행복할 것 같았다. 내 인생이 더 즐거워질 것 같았다. 이기적인 생각이었다.

　두 아들을 낳고 보니 정말 '내가' 행복하다. 물론 힘들 때도 있지만 아이를 통해 얻는 행복은 가히 압도적이다. 아이들이 곤히 자는 모습을 보고 있으면 내가 제일 싫어하는 사람도 사랑할 수 있을 것 같은 기분이 든다. 어쩌면 나는 이 아이들을 만나기 위해 지구에 온 게 아닐까 하는 생각마저 든다.

아이를 낳는 건 자신을 희생하는 일이 아니라 더 행복하게 만드는 일이다. 세상 모든 부모님과 택시 기사님이 왜 그렇게 아이를 낳으라고 잔소리했는지 이제야 이해가 간다. 그들 자신이 아이 덕분에 많이 행복했기 때문이다. 그 행복을 남들과 신나게 공유하고 싶기 때문이다. 어쩌면 나도 같은 이유로 이 글을 쓰고 있는지도 모르겠다.

우리 부부는 셋째를 고민 중이다. 순전히 '우리가' 더 행복하고 싶어서다.

언제 아이를 낳아야 하는가

우리 부부가 그랬듯 신혼을 충분히 즐긴 후에 아이를 낳는 편이 좋다고 생각한다. 신혼은 평생에 한 번밖에 없는 둘만의 시기이기 때문이다. 우리는 신혼 때 영국에서 살아보기도 하고 유럽과 동남아 여행도 많이 다녔다. 정말 잘한 일이다. 직업을 갖고 아이를 키우다 보면 그런 시간을 보내긴 쉽지 않기 때문이다.

또 내가 그랬듯 커리어가 어느 정도 안정됐을 때 아이를 낳는 편이 좋다고 생각한다. 유튜버는 불안정한 직업이다. 그래서 김진짜 채널 초기에는 아이를 갖기가 부담스러웠다. 만약 일이 잘못되면 당장 생활 전선에 뛰어들어야 할 테고 그러다 보면 내가 원치 않는 삶을 살게 될지도 모른다고 생각했다.

나는 내가 원하는 일인 유튜브에 더 몰두했다. 그리고 채널이 어느 정도 궤도에 올라 '앞으로 절대 안 망하겠다'라는 확신이 들었을 때, 아니 더 정확히는 '망해도 무조건 다시 일어설 수 있겠다'라는 확신이 들었을 때 아이를 가졌다. 덕분에 평온한 마음을 지닌 채 아이들을 온전히 사랑할 수 있게 되었다. 만약 커리어가 불안정할 때 낳았다면 아이들을 볼 때마다 근심이 생겼을 것이고 그 근심이 아이들에게도 영향을 주었을 것이다.

누군가는 이렇게 말한다.

"아직 자리 못 잡았어도 일단 낳아. 그럼 책임감이 생겨서 더 열심히 일하게 돼. 일이 오히려 더 잘 풀린다니까."

하지만 나는 잘 모르겠다. 왠지 그런 아빠는 너무 바빠서 아이들을 볼 시간이 없을 것 같다. 나는 아이들이 크는 모습을 지켜보는 게 무엇보다 중요하다고 생각한다.

결론은 단순하다. 낳아야겠다는 '확신'이 들 때 낳으면 된다. 부모 스스로 마음의 준비가 되어야 아이에게 온전한 사랑을 줄 수 있다. 아마 아이도 그걸 원할 것이다.

PS　가끔 육아가 힘들 때 아내와 공상을 한다.

"우리가 처음 사귀었던 스물다섯 살에 아이를 낳았어도 좋지 않았을까?"
어차피 낳을 거 빨리 낳아서 빨리 사람 만들어 놓고 같이 여행을 다녀도 행복했을 것이다. 물론 20대 후반에 친구들이 다 놀러 다닐 때 육아하느라 힘들었겠지만 지금쯤은 상황이 역전돼서 통쾌했을지도 모른다. 하지만 공상은 공상일 뿐이다. 나는 내 선택을 사랑한다.

미래이자 과거인 순간

나는 아내의 첫사랑이다. 아내는 중 2 때부터 고 1 때까지 나를 좋아했다. 당시엔 연이 닿지 못했지만 우리는 스물다섯 살에 다시 만나 4년을 사귀고 결혼했다. 지금은 우리 자신보다 더 소중한 두 아들을 키우고 있다.

어느 날 아내가 나를 닮은 둘째를 보며 말했다.

"진우를 보면 내가 그렇게 좋아하던 소년의 갓난아기 시절을 보는 것 같아서 너무 행복해."

지난 몇 년간 들은 말 중 가장 아름다운 말이었다.

아내는 중학생이 된 진우를 얼른 보고 싶다고도 했다. 어쩌면 자신이 좋아했던 그 소년을 다시 마주할지도 모른다며 설렘을 감추지 못했다. 나는 그녀를 쏙 빼닮은 셋째 딸을 상상했다. 중학생이 된 셋째 딸과 진우가 나란히 서 있는 모습을 보면 나도 모르게 웃음이 날 것 같다. 그것은 '미래'이자 '과거'일 것이다.

아이를 낳는 일은 이렇게나 오묘하다. 나와 사랑하는 이의 과거를 만나는 일이다. 문득 결혼은 정말 사랑하는 사람과 해야 한다는 생각이 들었다. 다행히 이번 생은 성공이다.

사랑은 변한다

사랑의 모습은 나이에 따라 변한다.

10대 때는 그 아이를 수줍게 불러내 같이 걷는 게 사랑이었다.

20대 때는 아르바이트를 해 번 돈으로 목걸이를 사서 기념일을 챙기는 게 사랑이었다.

30대인 지금은 서로가 피곤할까 봐 몰래 젖병을 설거지해 두는 게 사랑이다.

앞으로도 사랑의 모습은 변할 것이다. 변할 때마다 더 깊어질 것이다.

사랑은 두려움을 이기게 한다

비행기를 탔는데 갑자기 무서운 생각이 들었다. 얼른 스마트폰을 열어 아들들의 영상을 봤다. 순식간에 영상에 빠져들었고 나도 모르게 미소가 지어졌다. 두려움이 설 자리를 잃고 사라졌다.

아내도 비슷한 경험을 했다. 둘째를 제왕절개로 출산하는 동안 혈압이 급격히 떨어졌다. 어지럽고 속이 울렁거리며 '이렇게 죽는 건가' 하는 두려움이 엄습했다. 하지만 정신을 차려야겠다고 마음먹었다. 아내는 첫째 주원이가 저 멀리서 해맑게 웃으며 뛰어오는 장면을 떠올렸다. 1초 만에 얼굴에 미소가 번졌고, 이내 마음이 완전히 편안해졌다. 덕분에 혈압도 금세 정상으로 돌아왔다. 결국 아내와 둘째 모두 건강할 수 있었다.

사랑은 언제나 두려움을 이기게 한다.

내 아이들이 이렇게 자랐으면

좋아하는 일을 하며 살았으면 좋겠다. 돈의 소중함을 알되 휘둘리지 않고 더 가치 있는 무언가를 좇았으면 좋겠다. 과감히 도전하고, 실패해도 태연히 일어섰으면 좋겠다. 언제나 '지금'에 온전히 머물렀으면 좋겠다. 사람들의 단점보다 장점을 더 크게 보고, 대화할 때 호감 가는 사람이면 좋겠다. 평생의 사랑을 만났으면 좋겠다. 후회 없는 삶을 살았으면 좋겠다. 그리고 내가 영원히 사랑한다는 걸 잊지 않았으면 좋겠다.

내 아이들에게
결핍을 선물하고 싶은 이유

내 아이들에게 모든 걸 해주지 않을 것이다. 약간의 결핍을 선물할 것이다. 그들이 스스로 성취하며 진정한 자부심을 느끼길 바라기 때문이다.

나는 풍족하지 않은 환경에서 자랐다. 덕분에 '한계까지 노력하는 태도', '독립성', '스스로 방법을 찾는 능력'을 얻었다. 그것들로 작은 성취를 이뤘고 나 자신과 내 삶에 자부심을 느낀다.

자부심은 인간이 느낄 수 있는 큰 즐거움 중 하나다. 자수성가한 사업가의 자서전과 자수성가한 래퍼의 가사에는 '혼자 힘으로 바닥부터 올라왔다'라는 이야기가 많다. 그만큼 뿌듯한 것이다.

만약 내가 건물주의 아들이었다면 풍족하게는 살았겠지만 내 성취에 진정한 자부심을 느끼진 못했을 것이다. 나는 내 힘으로 성과를 이뤄냈다고 믿어도 사람들은 "너 금수저였잖아"라며 비아냥댔을 것이다.

나는 아이들이 자신의 힘으로 뭔가를 성취하고 온전한 자부심을 느끼길 원한다. 그러기에 어릴 때부터 원하는 걸 쉽게 얻도록 돕지 않을 것이다. 약간의 결핍을 느끼게 할 것이다. 다만 사랑과 관심만큼은 아낌없이 줄 것이다.

건강한 좌절

아들이 블록을 쌓다 실수로 무너뜨려도 바로 도와주지 않는다. 잠시 울게 놔둔 뒤 마음을 가다듬고 다시 해보도록 격려한다.

잘못했을 때는 생각하는 의자에 5분간 앉힌다. 아이는 악을 쓰며 울지만 반드시 시간을 채우게 한다.

아이들은 이런 과정을 통해 좌절감을 통제하는 능력을 기른다. 그 능력을 갖춰야 어른이 돼서도 좌절을 딛고 다시 일어설 수 있다. 그 능력이 없으면 훗날 한 번의 좌절에 완전히 무너질지도 모른다.

물론 아이의 마음을 완전히 '파괴하는' 좌절은 피해야 한다. 하지만 '건강한' 좌절은 꼭 필요하다.

아이가 스스로 공부하게 만드는 법

공부할 의지가 없는 아이를 억지로 학원에 보내봤자 효과가 없다. 대학생 때 학원 강의와 과외를 하며 영혼이 딴 데 가 있는 아이들을 너무 많이 봤다. 돈 낭비, 시간 낭비다. 중요한 건 아이가 좋아하는 것과 공부를 연결해 주는 것이다. 좋아하는 걸 하기 위해 공부가 필요하다는 사실을 스스로 깨달으면 알아서 공부한다.

나도 그랬다. 고등학교 1학년 때 '축구를 깊이 공부하고 싶다'라는 열망이 생겼고 서울대 축구부에 가면 제대로 배울 수 있겠다는 확신을 가졌다. 그때부터 깨어 있는 시간엔 공부만 했다.

지금도 마찬가지다. 영국의 축구 분석 프로그램에 출연하고 싶다는 꿈이 생기니 영어 회화 연습을 알아서 열심히 하게 된다.

결국 핵심은 '자발성'이다. 게임도 남이 시켜서 하면 재미없다. 부모는 아이가 스스로 이유를 찾을 때까지 기다려 줘야 한다.

내가 되고 싶은 아빠

아이를 영어 유치원에 보내는 '능력 있는' 아빠보다, 아이들과 직접 영어로 대화하며 함께 '성장하는' 아빠가 되고 싶다.

가족과 일

일을 너무 많이 했다고 후회하는 사람은 많이 봤다. 하지만 가족과 시간을 너무 많이 보냈다고 후회하는 사람은 단 한 번도 본 적이 없다.

부모의 시선은 중요하다

부모가 아이를 어떻게 바라보느냐는 중요하다. 아이도 자기 자신을 그렇게 바라볼 것이기 때문이다.

부모가 세상을 어떻게 바라보느냐도 중요하다. 아이도 세상을 그렇게 바라볼 것이기 때문이다.

내가 싫어하는 나

내가 싫어했던 엄마의 모습이 나에게서 보이기 시작한다. 고치고 싶지만 쉽지 않다. 유전자에 각인되어 있기 때문일 것이다.

변화하려면 내 습성이 엄마에게서 왔음을 '인식'해야 한다. 출처를 알면 '나는 왜 이럴까?'라는 의문에서 벗어날 수 있다. 스스로를 객관적으로 바라보게 된다. 그럼 비로소 변화가 가능하다. 엄마의 모습이 내게서 튀어나올 때 그걸 알아채고 떨쳐낼 수 있다.

내 아이들도 나와 아내의 좋지 않은 습성을 닮을 것이다. 나는 종종 사소한 것에 지나치게 집착하고 걱정이 너무 많다. 아내는 자존감이 낮고 감정 표현이 서툴다. 아이들에게서 그런 모습이 보이면 그 출처를 알려줄 것이다. 개선할 수 있도록 꾸준히 도울 것이다.

타고난 기질을 완전히 바꿀 수는 없겠지만 본인이 스트레스받지 않을 정도로는 나아질 수 있으리라 믿는다. 내가 그들에게 보장하는 최소한의 AS다.

집보다 사람

〈기생충〉에 나오는 부잣집 같은 곳에서 지인들과 휴가를 보냈다. 감탄이 절로 나왔다. 계단은 대리석이었고 천장은 높았다. 하지만 좋은 기분은 딱 하루 갔다. 지인들 간에 다툼이 생겼기 때문이다. 큰 집에서 싸우니 고함 소리도 더 크게 울렸다. '화려한 지옥'이었다.

여행을 마치고 집에 돌아오니 여기가 천국이다. 그 집보다 훨씬 좁고 하자도 많지만 여기엔 사랑하는 아내와 아들들이 있다. 중요한 건 집이 아니라 그 안에 사는 사람이다.

내 인생의 전성기

2022년 10월, 서른세 살의 가을에 썼던 글이다. 당시의 행복감을 자세히 묘사했다. 여기에 싣는 이유는 내가 이 글을 참 좋아하기 때문이다.

여담으로 그때는 '지금이 전성기'라고 생각했지만 아니었다. 둘째 진우를 낳고 전성기가 경신됐다. 앞으로도 계속 경신되길 바란다.

***

요즘은 내 인생의 전성기다.

모든 게 만족스럽던 스물세 살 때보다 몇 배는 더 충만한 느낌. 대체 이 충만감의 출처는 어디인가 하고 생각해 보면, 우선 커리어에 관한 고민이 청산되었다. 지난 1년간 마음 한구석에 품었던 문장, '나는 옳은 방향으로 가고 있나?'라는 그 찜찜한 문장은 이미 증발한지 오래다.

언제나 그랬듯 나는 내 길에 대한 확신을 다시금 얻어냈다. 고민이 길었던 만큼 마음은 더 단단해졌다. 미래의 나도 아마 흡족해할 것이다.

결론은 그랬다. 타인이 가는 길에 대한 관심을 거두고 내가 가장 잘할 수 있는 것에 부단히 몰입하는 것. 그리고 한 가지 일에 집중하는 것. 생각이 단순해질수록 욕심은 줄어들고 본질에 집중하게 된다. 그럼 일이 알아서 잘 풀린다.

충만감의 또 다른 출처는 나의 아내다. 그녀가 축구를 사랑하게 되면서부터 우리는 서로를 더 깊이 이해하게 되었다. 그리고 상대에게 배려를 기대하기보다는 앞다투어 배려를 선물하려는 습관이 생겼다.

그녀는 여전히 나보다 나를 더 잘 안다. 그래서 내 생각들이 방황할 때 그것들을 깔끔히 정리해 준다. 그동안 나는 그녀를 최고의 여자 친구이자 최고의 아내라고 생각해 왔는데 이제 보니 최고의 엄마이기도 하다. 나나, 주원이나, 참 복받은 인생이다.

'김수호천사'가 될 뻔했던 주원이는 지금 저기서 입에 넣어서는 안 될 것을 넣고 있다. 아마도 저 녀석의 존재가 내가 전에 없던 충만감을 느끼는 가장 큰 이유일 것이다. 보고 있으면 그저 신기하다. 나와, 내가 사랑하는 사람이 반반씩 섞여 있다. 사랑하지 않을 수 없다.

가끔은 주원이를 보며 나 스스로에 대해서 생각한다. 나의 출처에 대해서. 나도 주원이처럼 이 세상에 전혀 존재하지 않다가 10개월 동안 엄마를 입덧에 시달리게 한 뒤 갑자기 뿅 하고 나타났을 것이다.

그러곤 지금의 주원이처럼 천천히 나만의 우주를 만들어 나간 것이다. 만져보고, 일어서고, 넘어지고, 친구를 사귀고, 중간고사를 보고, 킬패스Kill Pass를 찌르고, 사랑하다 보니 여기까지 와버린 것이다.

그런 생각을 하다 보면 좀 더 가벼이 살아도 될 것 같은 느낌이 든다. 훨훨 나는 느낌으로. 어차피 우리는 갑자기 나타난 것이니까.

이 가벼운 충만감이 조금만 더 오래, 더 멀리 퍼져 나갔으면 좋겠다. 그뿐이다.

7장

창작

콘텐츠 만드는 사람, 김진짜

영상을 처음 보는 시청자의 입장이라고 생각하고 '흐름'을 느껴본다.
왠지 모르게 지루한 부분은 과감히 삭제한다.
공들여 만든 부분이더라도 가차 없다.

〈김진짜〉 유튜브 채널이 잘된 이유

첫째, 내가 가장 잘 아는 분야인 '축구'를 다뤘기 때문이다. 콘텐츠를 만들고 싶다면 자신이 가장 잘 아는 주제를 선택해야 한다. 그래야 경쟁력을 높일 수 있다. 나는 10년 넘게 축구를 공부하며 쌓은 지식을 콘텐츠에 녹여냈고 시청자분들이 그것을 알아봐 주신 덕분에 전업 유튜버로 자리 잡을 수 있었다.

둘째, 인상적인 경험을 어필해 '정체성'을 확립했기 때문이다. 채널 개설 초기에 축구 분석 콘텐츠가 두어 번 잘되고 나서 내 이야기를 할 필요가 있겠다고 생각했다. '아시아인 최초 프리미어 리그 감독'을 목표로 도전했던 여정과 영국 9부 리그 팀 코치로서의 경험을 콘텐츠로 만들었다. 영상이 좋은 반응을 얻으면서 자연스레 '영국에서 지도자 공부를 했던 축구 유튜버'라는 정체성이 확립됐다. '서울대' 덕도 봤다고 생각한다. 많은 사람들이 나의 정체성을 정의할 때 '서울대'를 빼놓지 않기 때문이다. 이렇게 확립된 정체성은 내 콘텐츠의 신뢰도를 높이고 김진짜라는 캐릭터의 존재감을 키웠다. 이는 채널이 성장할 수 있었던 원동력 중 하나다.

셋째, 콘텐츠의 질 그 자체에 집중했기 때문이다. 이에 관해서는 할 말이 많다. 이후에 이어질 글들은 콘텐츠에 관한 내 생각이다.

달라야 한다

다른 콘텐츠들과 달라야 한다. 그래야 사람들 눈에 띈다. 내 콘텐츠에서만 볼 수 있는 무언가가 있어야 한다. 그래야 사람들이 굳이 내 영상을 찾아본다. 어디서나 볼 수 있는 수준의 콘텐츠라면 애써 찾아볼 이유가 없다.

다르기는 어렵다. 어떤 콘텐츠가 잘되면 다들 따라 하기 때문이다. 계속해서 다름을 추구해야 한다. 내 유튜브 채널의 성장 과정도 오직 나만 만들 수 있는 콘텐츠를 찾아가는 여정이었다.

누군가 내가 만든 영상의 스타일을 똑같이 따라 하길래 독특한 콘셉트의 '선수 분석 영상'을 만들었다. 나중엔 내 얼굴을 공개했다. 얼굴로 표상되는 '캐릭터'는 누구도 따라 할 수 없기 때문이다. 운동장에 나가서 경기 장면을 직접 재연한 것도 결국 남들과 다르기 위해서였다. 지금은 '흥미로운 기획'과 '흡인력 있는 내용 전달'로 다름을 추구한다.

다르기 위해 노력하다 보니 나름 '오리지널리티'를 지니게 된 것 같다. 많은 분들이 '김진짜의 콘텐츠는 남다르다'라고 평가해 주신다. 그래서인지 유튜브를 시작한 이후 나를 줄곧 괴롭혀 왔던 '생존 불안'은 많이 사라졌다. 어떤 분야에서든 '나만 할 수 있는 무언가'로 사람들의 호평을 얻을 수 있다면 굶어 죽을 일은 없을 것이다.

예전에 '유튜브로 성공하는 방법'을 가르치는 강좌의 내용을 훑어본 적이 있다. '남의 콘텐츠를 똑같이 따라 하라'라는 말을 보고 경악했다. 참고하는 정도는 좋지만 그대로 베끼는 방식으로는 성공할 수 없다. 설령 잘되더라도 오래가지 못한다. 대중은 똑똑해서 금방 알아채기 때문이다. 다름을 추구해야 살아남을 수 있다.

재미가 우선이다

유튜브 영상은 재미있어야 한다. 사람들이 유튜브에 접속하는 이유는 남는 시간을 재미있게 보내기 위해서다. 책을 펴거나 인터넷 강의 사이트에 접속할 때와는 마음가짐 자체가 다르다. 재미있는 영상만이 살아남는 이유다.

예전엔 '원초적' 재미를 추구했다. 축구 영상에 넣을 경기 장면을 내가 운동장에서 직접 재연하기로 마음먹었을 때, 무조건 코믹해야 한다고 생각했다. 우습지 않으면 사람들이 볼 이유가 없다고 생각했다. 그래서 우스꽝스러운 가발을 쓰고 과장된 연기를 했다. 다행히 반응이 좋았다. 하지만 오래 하다 보니 패턴이 뻔하고 어딘가 억지스러웠다. 내가 봐도 재미없었다.

그 이후엔 다른 재미를 추구했다. '내용적' 재미였다. 내용 자체가 흥미롭다면 굳이 가발을 쓰지 않아도 시청자들이 재미있게 볼 거라고 생각했다. 자료 조사를 더 심도 있게 하고 내 의견을 더 오래 고심

했다. 매혹적인 스토리텔링 기법을 공부해 대본에 적용했다. 다음과 같다.

　오프닝 때 주제를 소개하고 호기심을 자극하는 질문을 던진다. 예를 들면 "여러분, 모하메드 살라Mohamed Salah가 축구화를 일부러 찢어 신는 이유를 들어보셨나요?" 같은 질문이다. 그리고 영상을 끝까지 보면 그 답을 확인할 수 있음을 알린다. 본론의 내용 전개 방식도 비슷하다. 궁금증을 일으키고, 해결해 주고, 또 다른 궁금증을 일으키고, 해결해 주기를 반복한다. 시청자가 흥미를 잃지 않고 영상을 끝까지 볼 확률이 높아진다.

　'원초적 재미'와 '내용적 재미' 외에도 다양한 재미가 있을 것이다. 어떤 종류의 재미든 '재미'라는 가치를 최우선으로 둬야 유튜버로서 오래 살아남을 수 있다.

양보다 질

나는 콘텐츠의 양보다 질이 중요하다고 생각한다.

물론 양이 더 중요하다고 생각하는 사람들도 있다. 그들은 알고리즘이 새 영상을 우선적으로 노출하므로 영상을 많이 올릴수록 채널의 다른 영상들도 함께 노출되면서 채널이 더 빨리 성장한다고 말한다. 하지만 내 생각은 다르다. 그렇게 따지면 양으로 밀어붙이는 모든 채널이 잘되어야 한다. 실상은 그렇지 않다.

내가 질을 중시하는 이유는 '첫인상' 때문이다. 시청자는 내 영상들 중 하나를 우연히 보게 된다. 그 영상의 질이 내 채널의 첫인상을 결정한다. 만약 시청자가 좋은 인상을 받았다면 나중에 내 영상이 그의 피드에 노출됐을 때 또 클릭할 가능성이 높아진다. 내 다음 영상에 대한 기대가 커지면 '구독'을 누를 수도 있다. 하지만 처음 맞닥뜨린 내 영상에서 나쁜 인상을 받았다면 내 다른 영상을 또 클릭할 확률은 낮아진다. 그의 피드에 내 영상이 점점 사라진다. 잠재적 시청자를 잃은 셈이다. 첫인상이 이렇게나 중요하다.

　내 영상들 중 어떤 영상이 잠재적 시청자에게 처음 노출될지는 알 수 없다. 내가 모든 영상에 심혈을 기울이는 이유다. 시청자가 내 조악한 영상을 처음 접해서 등을 돌리게 만드느니 아예 만들지 않는 것이 낫다고 생각한다. 유튜브는 식당을 운영하는 것과 비슷하다. 한 번 온 손님을 또 오고 싶게 만드는 것이 관건이다.

시의성보다 지속성

지속성 콘텐츠란 시간이 지나도 꾸준히 조회 수가 올라가는 콘텐츠를 말한다. 예를 들어 '넥타이 묶는 방법' 같은 영상은 수십 년이 지나도 클릭될 수 있다.

반면 시의성 콘텐츠는 특정 시기에만 주목받고 시간이 지나면 가치를 잃는 콘텐츠다. 예를 들어 어젯밤 열린 축구 경기의 리뷰 영상은 유효 기간이 고작 3일이다.

유튜브를 6년간 하다 보니 지속성 콘텐츠를 만드는 게 더 효율적이라고 느낀다. 시간이 흐를수록 시의성 콘텐츠와의 조회 수 격차가 벌어지기 때문이다. 같은 노력을 들여 만들 거라면 오래가는 게 낫다.

게다가 시의성 콘텐츠를 만들 때처럼 급하게 일하지 않아도 된다. 시간에 쫓기는 삶은 늘 초조하다. 결국 지친다. 나도 번아웃을 두 번 경험했다. 이제는 내 템포대로 꾸준히 지속성 콘텐츠를 만들며 행복을 사수한다. 천천히 공들여 만드니 콘텐츠 퀄리티도 더 좋아진다.

시간이 갈수록 효자 상품이 된다. 지속성 콘텐츠가 답이다.

PS 물론 지금도 시의성 콘텐츠를 만들기는 한다. 다만 유효 기간이 최소 2주 이상 될 만한 주제를 고른다. 예를 들어 '최근 맨시티가 부진한 이유'나 '손흥민은 토트넘을 떠나 어디로 이적할까?' 같은 주제다. 유효 기간이 짧은 경기 리뷰를 하는 경우에는 지속성 콘텐츠로서 가치가 있을 만한 내용을 버무려 영상의 유효 기간을 최대한 늘린다.

주제 선정이 중요하다

유튜브를 할수록 주제 선정의 중요성을 절실히 느낀다. 영상의 완성도가 아무리 높아도 주제가 흥미롭지 않으면 시청자들에게 외면받는다. 반면 완성도가 조금 부족해도 주제가 흥미로우면 좋은 반응을 얻을 수 있다. 그래서 요즘은 주제 선정에 더 많은 시간을 쏟는다. 좋은 주제를 찾으면 이미 반쯤 성공한 것이다.

6년간 유튜브를 하며 터득한 주제 선정 방법은 '내가 설득되는지 확인하는 것'이다. 주제 후보를 놓고 상상해 본다.

'만약 내가 이 주제를 유튜브에서 본다면 클릭할까?'

클릭하지 않을 것 같으면 버리고 클릭할 것 같은 주제만 선택한다. 이 방법을 쓰는 이유는 나도 축구 팬들 중 한 사람이기 때문이다. 다른 팬들처럼 나도 주요 경기를 챙겨 보고 축구 뉴스를 매일 확인한다. 그들과 나는 최근 축구계 흐름에 관해 비슷한 데이터를 공유한다. 그러므로 내가 클릭할 만한 흥미로운 주제라면 다른 팬들도 클릭할 가능성이 높다.

　주제 선정을 특별히 잘하는 창작자들이 있다. 부러운 재능이다. 하지만 분명한 것은 경험이 쌓일수록 나아진다는 것이다. 주제를 고민하고, 세상에 내놓고, 그 결과를 받아보는 과정을 반복하면 특정 주제가 어떤 반응을 얻을지 더 정확히 예측할 수 있다. 6년 전의 나와 지금의 나는 천지 차이다. 앞으로도 더 나아질 수 있도록 계속 경험을 쌓아갈 뿐이다.

뻔한 말은 하지 않는다

대학 시절 발표를 준비할 때마다 되뇐 생각이 있다.

'뻔한 말을 할 거면 왜 굳이 발표를 하는가?'

그래서 실제로 발표할 때 '뻔하지 않은 말'을 하려고 노력했다. 반응이 나쁘지 않았다. 듣는 이들의 눈빛이 초롱초롱했다.

유튜브를 하면서도 '뻔한 말은 하지 않는다'라는 대원칙을 항상 염두에 둔다. 대본을 검토할 때 뻔한 말이 있으면 과감히 삭제한다. 영상 편집본을 검토할 때도 그 과정을 한 번 더 거친다. 영상에는 재미있거나, 의미 있거나, 참신한 말만 남기려고 노력한다. 그래야 시청자의 눈빛이 초롱초롱할 것이기 때문이다.

뻔하지 않은 말을 찾는 건 어렵다. 오래 고민해야 한다. 때로는 고통스럽기까지 하다. 하지만 그 과정이 콘텐츠를 확실히 더 낫게 만든다.

쉽게 설명한다

　누구나 쉽게 설명하는 사람을 좋아한다. 적은 에너지로 내용을 이해할 수 있어 심리적 피로가 덜하기 때문이다. 나도 축구 관련 내용을 최대한 쉽게 설명하려고 노력한다. 어려운 단어 대신 쉬운 단어를 쓰고 시청자가 직관적으로 이해할 수 있는 예시를 든다. 문어체보다 구어체를 사용해서 친구에게 말하듯 자연스럽게 설명한다.

　쉽게 설명하는 건 쉽지 않다. 내용을 완벽히 이해하고 있어야 가능하기 때문이다. 전문가일수록 쉽게 설명하는 이유다. 나도 축구를 쉽게 설명하기 위해 꾸준히 공부한다. 목표는 여섯 살 꼬마부터 일흔 살 할머니까지 이해시키는 것이다.

요약한다

대본 초안을 쓰고 나면 처음부터 끝까지 세 번 정도 다듬는다. 그 과정에서 각 내용을 '요약'한다. 예를 들어 세 문장으로 설명한 내용을 한 문장으로 압축할 수 있으면 그렇게 한다. 핵심만 남기고 다 버리는 게 아니라 핵심 안에 버릴 내용을 자연스럽게 녹인다. 그렇게 요약하다 보면 모든 문장이 풍성해진다. 영상의 밀도가 높아진다. 시청자들이 '영상을 보다 보니 시간이 순삭됐다'라는 댓글을 달아준다. 요약하는 능력이 중요한 이유다.

흐름을 고려한다

유튜브 콘텐츠는 '시간 예술'이다. 음악이나 영화처럼 시간의 흐름에 따라 내용이 전개되기 때문이다. 시청자는 그 흐름 속에서 콘텐츠를 느끼고 평가한다. '왜 이렇게 서론이 길어?', '점점 지루해지네', '재미있긴 한데 다 보고 나니 피곤하다' 같은 반응이 그 예다. 그러므로 콘텐츠를 제작할 때는 반드시 흐름을 고려해야 한다.

나는 영상에서 하나의 메시지에 관해 길게 이야기하지 않는다. 핵심만 빠르게 전달하고 다음 메시지로 넘어간다. 전개가 빨라야 몰입도가 유지된다.

복잡한 내용을 설명한 뒤에는 쉬운 내용을 배치한다. 그래야 시청자의 긴장이 풀린다. 복잡한 내용이 연속되면 뇌가 피곤해져서 영상을 끄고 싶은 충동이 생긴다. 완급 조절이 핵심이다.

편집을 마친 후에는 영상을 처음부터 끝까지 세 번 정도 본다. 영상을 처음 보는 시청자의 입장이라고 생각하고 '흐름'을 느껴본다.

왠지 모르게 지루한 부분은 과감히 삭제한다. 공들여 만든 부분이더라도 가차 없다. '설명충'을 좋아하는 인간은 없다.

콘텐츠 안의 흐름뿐 아니라 '각 콘텐츠들 간의 흐름'도 중요하다. 나는 심도 있는 축구 분석 콘텐츠와 가볍게 볼 수 있는 축구 관련 호기심 콘텐츠를 번갈아 올린다. 무거움과 가벼움, 익숙함과 새로움을 섞어 콘텐츠들 간의 흐름을 생동감 있게 유지한다. 이는 시청자들이 채널에 대한 관심과 흥미를 유지하도록 돕는다.

공부한다

누구나 콘텐츠를 만들 수 있는 시대다. 차별성을 가지려면 공부가 답이다. 내용의 차이는 결국 공부의 깊이에서 비롯된다.

축구 관련 경력도 없고 유명하지도 않던 내가 축구 유튜버로 자리 잡을 수 있었던 이유도 공부 덕분이다. 대학교 1학년 때부터 도서관에 있는 모든 축구 책을 읽고 해외 전술 칼럼을 정독했다. 영국 BBC의 축구 분석 프로그램을 찾아보기도 했다. 국가대표 출신 감독님과 프로 출신 코치님에게 직접 축구를 배웠고 엘리트 대학 선수들과 경기를 뛰며 그들의 노하우를 온몸으로 흡수했다. 모두 '공부'였다. 그 과정이 없었다면 김진짜도 없었을 것이다.

여전히 공부한다. 새로 나온 축구 서적을 읽고, 최신 칼럼을 챙겨보고, 유명 선수들이 진행하는 팟캐스트를 듣는다. 꾸준한 공부만이 범접할 수 없는 내공의 차이를 만든다는 것을 알기 때문이다. 공부하는 창작자의 콘텐츠는 늘 새롭다. 시청자가 반긴다. 반면 공부를 멈춘 창작자의 콘텐츠는 늘 비슷하다. 시청자가 외면한다. 공부야말로 최고의 생존 비결이다.

'축구 공부는 어떻게 해야 하나요?'라는 질문을 자주 받는다. 나는 '모든 책, 칼럼, 영상을 공부하라'라고 답한다. 많이 공부할수록 경쟁력이 높아지기 때문이다. 또한 무엇을 공부할지 스스로 탐색하는 과정 자체도 중요한 공부다.

제목은 간결하고 궁금하게

콘텐츠를 완성했다면 제목을 지어야 한다. 제목은 콘텐츠의 질만큼이나 중요하다. 콘텐츠의 성패를 좌우하기 때문이다. 그렇게 믿는 근거가 있다.

유튜브에서는 영상을 업로드한 뒤에도 제목을 바꿀 수 있다. 그 점을 활용해 조회 수가 저조한 영상의 제목을 바꿔봤더니 갑자기 조회 수가 폭등했다. 이후 그런 경험을 몇 번 더 했다. 완전히 똑같은 콘텐츠여도 제목에 따라 흥행 여부가 달라질 수 있다는 걸 깨달았다. 그때부터 제목 짓기에 더 많은 시간을 들였다. 잘 만든 콘텐츠가 제목 하나 때문에 주목받지 못한다면 너무 아쉬운 일이다.

수많은 시행착오 끝에 이제는 제목을 꽤 잘 짓는다고 생각한다. 내가 따르는 두 가지 원칙이 있다.

첫째, 간결하게 짓는다. 짧은 제목일수록 시청자의 눈에 한 번에 들어온다. 주변 영상들의 제목이 길수록 짧은 제목은 더 돋보인다.

시청자가 클릭할 확률이 높아진다.

둘째, 궁금증을 유발한다. 인간은 궁금한 게 생기면 답을 알고 싶어 안달이 난다. 제목을 본 순간 호기심이 생기면 클릭할 수밖에 없다.

내가 제목을 짓는 과정은 이렇다. 먼저 콘텐츠에서 흥미로운 포인트를 선별해 제목 후보를 다섯 개 정도 만든다. 이후 단어 선택, 주어와 서술어의 호응, 접속 조사, 쉼표의 위치 등을 다르게 조합해 후보를 스무 개까지 늘린다. 처음부터 하나씩 읽어보며 별로인 제목들을 지우고 다시 다섯 개로 추린다. 그다음 지인들에게 의견을 묻거나 챗GPT와 의논해서 한 가지 제목만 남긴다. 마지막으로 '만약 내가 유튜브에서 이 제목을 봤다면 클릭할 것인지' 자문해 보고 '그렇다'라는 답이 나오면 최종 제목으로 확정한다.

유튜버로서 오래 살아남는 방법

유튜버로서 어느 정도 자리를 잡은 후 고민이 생겼다.

'어떻게 하면 이 일을 오래 할 수 있을까?'

두 가지 선택지가 있었다.

하나는 캐릭터의 매력을 중심으로 콘텐츠를 만드는 방식, 다른 하나는 캐릭터의 존재감을 낮추고 콘텐츠 기획과 내용의 질에 집중하는 방식.

처음에는 전자가 더 안정적이라고 생각했다. 어떤 콘텐츠를 만들든 팬들이 봐줄 것이기 때문이다. 하지만 리스크가 있다. 캐릭터의 인기가 떨어지면 되살리기 어렵고 예상치 못한 논란에 휩싸이면 하루아침에 은퇴하게 될 수도 있다. 게다가 캐릭터 중심의 콘텐츠는 소재가 한정될 위험이 있다.

반면 콘텐츠 제작 능력에 집중하면 캐릭터의 인기나 논란에 따른 리스크가 적다. 콘텐츠 소재도 외부에서 찾으니 고갈되지 않는다. 콘텐츠의 퀄리티만 유지하면 오래갈 수 있다. 내가 이 방식을 선택한 이유다.

2년이 지난 지금 돌아보면 좋은 선택이었다고 생각한다. 이 방식이 내 능력과 성향에도 더 맞는다. 물론 여전히 내 캐릭터를 활용한 콘텐츠도 만들긴 하지만 결국 콘텐츠가 캐릭터보다 더 오래간다고 믿는다.

한발 앞서 나가기

창작자는 '한발 앞서 나가야' 한다. 경쟁자보다 먼저 새로운 걸 내놓아야 하고 시청자가 '뻔해서 지겹다'라고 느끼기 전에 변화해야 한다.

한발 앞서 이끌어 가느냐, 한발 뒤진 채 따라가느냐는 천지 차이다. 전자는 '오리지널'로 인정받아 일류로 칭송받고 후자는 '카피캣'으로 낙인찍혀 삼류 취급을 당한다.

물론 앞서가는 건 어렵다. 무엇이 통할지 예측하기 힘들고, 검증되지 않은 시도를 감행할 '용기'도 필요하다. 게다가 '딱 한 발'만 앞서가야 한다. 너무 앞서가면 대중이 낯설어하기 때문이다. 여러모로 어렵다. 하지만 어려운 만큼 해냈을 때 얻는 보상도 크다. 시도할 만한 가치가 있다.

대중은 정확하다

　자기 창작물이 주목받지 못한 원인을 외부에서 찾는 창작자들이
있다.
　'알고리즘 신의 간택을 받지 못했어.'
　아니다. 그냥 결과물이 대중을 설득할 만큼 매력적이지 못한 것이
다. 알고리즘은 사람들의 미적지근한 반응을 기록해 추천 여부를 결
정할 뿐이다. 결국 '사람들'이 외면한 것이다.
　어떤 창작자는 대중의 취향과 수준을 탓한다. 대중의 사랑을 간절
히 바라면서도 정작 대중을 낮잡아 본다. 좋지 않은 태도다. 대중이
'기준'이다. 그들을 설득하는 게 '실력'이다. 그 사실을 겸허히 받아
들일 때 발전할 수 있다.
　6년간 유튜브를 해온 나는 대중의 안목이 소름 돋을 만큼 정확하
다고 생각한다. 내가 만든 영상 중 대중이 외면한 영상은 내가 봐도
재미없고, 대중이 선택한 영상은 내가 봐도 재미있다. 그들의 안목

을 신뢰할 수밖에 없는 이유다.

'대중'과 '알고리즘' 그리고 '조회 수'는 정확하다. 불평할 시간에 더 나은 결과물을 만들기 위해 노력하는 게 낫다.

유튜브를 대하는 마음

유튜브를 '사업가'가 아닌 '작가'의 마음으로 대한다.

사업가의 마음으로 유튜브를 대한 적도 있었다. PD와 대본 작가를 모셔 효율적으로 영상을 제작해 보려 했다. 그러나 그들과 함께 만든 결과물이 마음에 들지 않았다. '실력' 차이가 아니라 '취향' 차이였다. 그때 깨달았다. 나는 영상을 많이 올려 돈을 더 버는 것보다 내 마음에 쏙 드는 영상을 만드는 게 더 중요한 사람이었다.

결국 다시 직접 기획하고 대본을 썼다. 비효율적이고 때론 고통스러웠지만 그게 '내 마음에 드는 영상'을 만들 유일한 방법이었다. 영상을 세상에 내보내고 나면 돌이킬 수 없기에 마지막까지 적절한 말을 고르고 골랐다. '작가'의 마음이었다.

덕분에 과거 영상들 중 어느 것을 클릭해도 아쉬움이 없다. 물론 부족함이 보이지만 그것이 당시의 최선이었다는 걸 알기에 후회가 없다. 반면 대충 만들었던 영상은 모두 비공개로 돌렸다. 나중에 부끄러움을 느꼈기 때문이다.

그래서 오늘도 최선을 다한다. 완성이 조금 늦어져도 괜찮다. 10년 후에 봐도 부끄럽지 않을 영상을 만드는 것이 중요하다. 마치 내 이름을 건 '작품'을 선보인다는 마음으로 임한다. '노동'보다 '활동'에 가깝다.

굿즈를 만들거나 다른 사업을 병행하지 않는 이유도 같은 맥락이다. 다른 일에 정신이 팔리면 본질에 집중할 수 없다. 나에게 유튜브 일의 본질은 '돈을 버는 것'이 아니라 '세상에 좋은 콘텐츠를 남기는 것'이다. 그래서 내가 될 수 있는 '최선의 존재'가 되는 것이다. 유튜브를 '작가'의 마음으로 대하는 이유다.

유튜브 채널을 가져서 좋은 이유

90만 유튜브 채널을 가져서 좋은 점 중 하나는 '내가 나의 수익 창출 수단을 오롯이 소유하고 있다'라는 것이다. 이는 삶의 질을 높인다. 남에게 아쉬운 소리를 하지 않아도 되고, 남이 불러주지 않아도 의연할 수 있다.

몇몇 연예인이 유튜브를 시작하는 이유도 비슷하다. '언제든 방송가에서 외면당할 수 있다'라는 만성적 불안에서 벗어나 자생력을 키우려는 것이다.

내 삶의 결정권이 남에게 있으면 늘 불안하고 고달프다. 내 힘을 키워 내가 내 삶을 결정할 수 있어야 한다. 나는 여전히 너무나 부족하지만 유튜브 채널을 가진 덕분에 그런 자유를 누린다. 구독자분들께 마음 깊이 감사드린다.

남의 시선

2013년 7월, 군대에 있을 때 썼던 글이다. 이전의 삶을 돌아보다 문득 '남의 시선'을 신경 쓴 덕에 열심히 살아왔다는 생각이 들었다. 남의 시선의 영향력은 지금도 유효한 듯하다.

***

나를 키운 건 7할이 '남의 시선'이다.

초등학교 5학년, 기말고사 기간 때였다. 나는 《전과》라 불리던 참고서를 달달 외웠다. 밥을 먹다가 아무 이유 없이 신라의 석탑 이름들을 떠올렸고, 제대로 떠오르지 않는 게 있으면 숟가락을 놓고 방으로 달려가 확인했다. 아직도 신기하다. 내가 왜 그렇게까지 열심히 했는지. 흔하디흔한 엄마의 '조건부 용돈 인상 제도'가 있던 것도 아니었다.

성적표가 나온 날 나는 국어, 수학, 사회, 자연 네 과목 평균 98점을 받았다. 나는 그 점수가 어떤 것을 의미하는지에 대해 별 관심이 없었다. 오직 '얼른 종이 쳐서 축구나 했으면' 하는 생각뿐이었다. 그런데 내 옆의 두 여자아이가 갑자기 펑펑 울기 시작했다.

알고 보니 그녀들은 내가 울린 것이었다. 아마 내 점수를 보고 마음이 아팠던 것 같다. 한 아이는 지난달에 인도 여행을 다녀와서 공부를 못 했다며 흐느꼈다. 당황스러웠다. 하지만 어리던 나는 그들이 보내는 질투 어린 시선에서 묘한 승리감을 느꼈다. 그때가 내 인생 유일한 '전교 1등'의 기억이다. 10년이 흐른 후, 그녀들은 각각 서울대 법대와 서울대 외교학과에 진학했다.

그것이 내 기억 속 '첫 시선'이다. 아마 그때 나는 타인이 보내는 선망 어린 시선에 중독된 것 같다. 정확히 말하면 내 '무의식'이 그것에 중독됐다. 시험기간이 다가올 때마다 '이번에도 다들 깜짝 놀라게 해줘야지!' 하며 책상에 앉았던 건 아니지만, 아무 이유 없이 《전과》를 뒤지던 나의 무의식은 타인의 선망 어린 시선을 통해 그 노력을 보상받곤 했다.

이후에도 비슷한 일들이 계속됐다. 중학교 2학년 때 내가 축구하는 모습을 본 친구가 "지네딘 지단 Zinedine Zidane 같다"라며 감탄하기에 나는 지단에 더욱 심취했다. 나는 그가 가끔 발끝을 잔디에 질질 끄는 모습까지 따라 했다. 고등학교 1학년 때는 아침 자습 중에 갑자기 코피가 났다. 다급히 화장실에 가서 휴지를 뽑아 코에 쑤셔 넣고 교실로 돌아오는데, 모든 친구가 신기하다는 눈빛으로 나를 쳐다봤다.

'쟤 요새 공부를 얼마나 열심히 하는 거야?'

내가 조금만 피곤해도 코피가 줄줄 나는 체질이라는 걸 아는 친구는 아무도 없었다. 나는 그 시선을 즐기며 말없이 책상에 앉았다.

생각해 보면 나는 늘 그런 식으로 살아왔다. 누가 내게 성격이 좋다고 하면 더 좋아지려 노력했고, 공부를 열심히 한다고 하면 더 열심히 했고, 축구를 잘한다고 하면 더 잘하고 싶어 안달했다. 우둔하고 요령 없는 나를 계속해서 이끈 건 다름 아닌 '남의 시선'이었다. 스스로 만들어 낸 동기에는 한계가 있었다. 물론 나도 남들 앞에선 '자기만족'이란 단어를 사용하기도 했지만 말이다.

몸을 열심히 만드는 친구에게 왜 그리 열심이냐 물으면 그도 자기만족이라고 답한다. 패셔니스타인 친구에게 옷에 왜 그리 신경 쓰냐 물으면 그의 대답도 같다. 하지만 세상에 아무도 없다면, 그래도 그렇게 열심일까? 자기만족은 대부분 남의 시선에서 비롯된다.

교육학을 공부하다가 '거울 이론'을 접했을 때 무릎을 탁 쳤다. 내가 살아온 모습이 그랬기 때문이다. 거울 이론은 타인이 나를 생각하는 그대로 닮아가려는 심리적 현상이다. 요즘은 남의 시선에 개의치 않는 주체적인 삶이 추앙받지만, 그 역시 남의 시선을 의식한 결과라고 생각한다.

사람과 사람이 함께 사는 이상, 남의 시선은 막대한 영향력을 발휘한다. 부자가 되려는 것, 높은 지위에 오르려는 것, 외제 차를 사려는 것, SNS를 하는 것, 내가 지금 이 글을 쓰는 것. 모두가 남의 시선을 동기로 삼는다.

남의 시선 때문에 그렇게도 원하던 화가가 되기보다 변호사를 택한다면 그것보다 어리석은 짓은 없을 것이다. 하지만 뛰어난 화가가되기 위해 남의 시선을 동기로 삼는 것은 꽤 기분 좋은 일이라고 생각한다. 그것이 나를 매일 갈고닦게 만들어 더 나은 나를 만나게 해줄 수 있다면. 내가 정말 좋아하는 말 중에 이런 말이 있다.

"남들이 절대 못 할 거라고 장담했던 일을 해내는 것보다 재미있는 일은 없다."

나는 앞으로도 그렇게 살 것 같다. 가끔은 해야 할 일을 깜빡하기도하고 피곤에 못 이겨 자기 합리화의 달인이 되기도 하지만 이미 나는남의 시선을 무기로 사용하는 사람이 돼버렸다.

다만 나이를 먹으며 그런 생각은 하고 있다. '남'의 시선과 '님'의시선이 상충할 때는 '님'의 시선을 우선해야 한다는 것. 부모님, 형님그리고 나의 님. 내가 가장 사랑하는 그들이 먼저 행복해야 나도 따라 행복해진다. 그리고 가끔 이렇게 글이나 쓰며 내가 진짜 행복한지 돌아보는 것이다.